西鉄電車 おもいでアルバム

昭和晩年の福岡市内線・大牟田線急行電車・宮地岳線

写真と文 大田治彦

櫂歌書房《とうかしょぼう》

読者の皆様 へ

福岡市内線が廃止されてすでに約三十年になりますが、今でも貫線や城南線を通るときに電車が走っていた頃が思い出されます。昔は人通りで賑やかだった街並みや電停ごとにあった何軒かの商店もいつのまにか消えて、ビルやマンションばかりが目立つようになってしまい、さびしさを感じざるを得ません。活気溢れる昭和の時代に、多くのお客さんを乗せて走っていた福岡の市内電車や美しい風景の中を走る”急行電車”の写真をここにお届けいたします。本書では福岡市内線に加えて、大牟田線や近頃部分廃止された宮地岳線の写真も含めて少し古いものを中心に集めてみました。当時、西鉄電車を頻繁に利用されていた皆様であれば、きっと親しみのある光景が写っているのではないかと思います。また、これまで西鉄電車に関しては過去に雑誌等に紹介されたカラー写真も限られておりますので、これを機に全国の鉄道愛好家の皆様にも十分に楽しんでいただけるように、できるだけカラー写真での掲載に配慮いたしました。

古いカラー写真の大半は学生時代に、使用機材が高性能電子機器になる前の”写真機”を用いて撮影したものです。当時よりこのような写真集を夢見ておりましたが、ポジカラーフィルムが高価で大量に使えず、さらに感度も低いので撮影には大変苦労いたしました。とくに花電車の夜景などの撮影では、暗いうえに三台のすべての車輌が整然と並ばないなど失敗の連続でしたが、今となっては良き思い出となりました。

つい先日のことのようにはっきり浮んでくる昭和の光景や思い出が一杯で、何もかもが大きく変化した過去の三十年間を容易に受け入れられないのが正直なところですが、古い写真を見るとその心を癒してくれます。やっとここに写真集が実現したのですが、諸事情を考えれば本内容を多くの皆様に受け入れていただける一つの限界的なタイミングであったかと思われます。本書を御覧になって、きっと当時の楽しかったことや辛かったことなどを思い出していただけるものと存じます。博多の街中にも市内電車がのんびり走っていたことや、それにまつわる昔日の思い出などを御子孫の代に至るまで語り継いでいただけるならば、私の大きな喜びと致すところに他なりません。

平成22年1月

大 田 治 彦

（筆者保存資料より掲載）

本書の構成について

“にしてつ”という言葉には福岡在住の方であれば誰もが幼い頃から親しんできたものです。しかし鉄道にとくに興味を持つ愛好家の数は、九州という地域のせいでしょうか、関東圏や関西圏に比べてかなり少なく、これまで鉄道趣味誌などに掲載されてきた写真もあまり多くはないようです。しかも福岡市内線となると、廃止の頃は白黒写真がカラー写真に置き換わろうとしていた時期でもあり、廃止間際に比較的多くの写真が撮られたにもかかわらず、当時一大ブームとなった蒸気機関車撮影の定番である白黒フィルムや、技術的には発展途上期にあったネガカラーフィルムで撮られるケースが多かったように思います。このせいか現在に至っても先に廃止された貫線や城南線の色鮮やかなカラー写真を見る機会は少ないように思われます。

市内中心部を走る福岡市内線の電車は、廃止が報じられてもまだまだ当時の公共交通機関の代表的存在でした。しかしあまりにも日常的に見慣れていたせいでしょうか、旧型車の淘汰や路線そのものが廃止されるに及んでも、路面電車にはなかなか撮影意欲が湧かないまま時間だけが経過してゆきました。唯一博多どんたくの折に運行される花電車だけは最後のチャンスとばかりに、毎晩中洲の昭和通り沿いの定番位置まで撮影に出かけました。いよいよ撮影を強く意識し始めたのは廃止を二ケ月後に控えた昭和50年9月に入ってからで、日を追うごとに自分の意識の中で雰囲気が盛り上がってきたのを覚えています。10月に入ると、当時学生で比較的自由がありましたので、早朝や夕方以降などを中心として、写真を撮らない日はないと言っても過言ではありませんでした。そして突然アナウンスされたお別れの花電車の運行により居ても立っても居られなくなり、天気の良い週末などは早朝から夜まで撮影を続けたこともありました。電車は頻繁にやってくるのですが、高価なカラーポジフィルムが使える量には限界があり、名場面と思しき場所を厳選してシャッターを切った瞬間、もとより画面に入る運命にあったとしか思えない車が覆い重なって、涙を呑むことも多々ありました。福岡市内線に関する大半の写真の撮影時期が貫線・城南線の廃止直前のものに限定されておりますが、当時の雰囲気をなんとか再現できたものと思っております。

本書に含まれる写真は約350点、白黒写真の約50点を除いてことごとくカラーで掲載いたしております。福岡市内線の写真が過半数を占めておりますが、この機会を利用して、沿線風景や車輌が大きく変化する前の大牟田線や宮地岳線の写真もあわせて収録いたしました。中でも大牟田線の大溝付近のクリークや宮地嶽を望む開けた田園風景など、本書で初めて御覧になられる方々にも日本の原風景の美しさをあらためてお伝えできれば幸いです。また、すでに廃車となった旧型車が当時の風景と調和していた頃の写真を多く掲載することにより、本書を御覧になる鉄道愛好家の方々にも新たな発見や夢のある想像の源となり得ればと考え、小さいながらも風景の中に写り込んでいる車種に注意を払いながらコマを選びました。写真に付け加えました文章は雑多な内容ではございますが、お一人でも多くの方々にお楽しみいただけるように複数の視点から書かせていただきました。

もくじ

川端町電停で地元運送会社のオート三輪と並ぶ連接車。旧色のバスの頭の青色塗装も末期には廃止されている。

コラム一覧

路線図（福岡市内線）

解説記事と対比できるように、写真撮影時よりも古い二つの路線図を筆者保存資料より掲載しました。

昭和 26 年頃発行

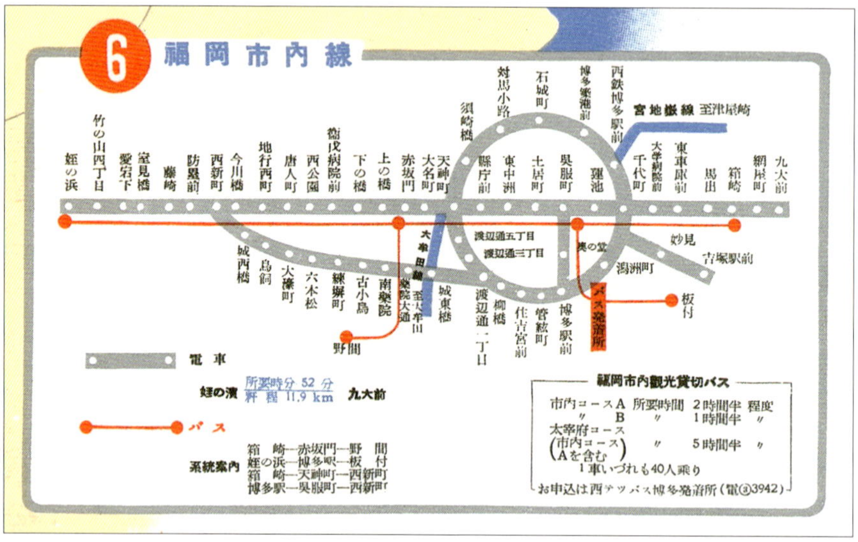

■まだ宮地嶽線が西鉄博多（市内線の停留所名は西鉄博多駅前）起点となっている。この後、下の路線図発行の昭和 41 年までに、次のような経緯を辿る。貫線（"貫通線" が正式名称）では川端町（土居町－東中洲 間）の復活や、天神町→天神、西鉄本社前（天神町－大名町 間）→万町（萬町の復活）→天神二丁目、大名町→大名二丁目、上ノ橋→平和台、下ノ橋→大手門、衛戍病院前→荒戸町→荒戸一丁目の改称、早良口（藤崎－室見橋 間）の新設が行われた。城南線では、浜田町（新設・名称復活、六本松－大濠町 間）→草香江、大濠町→大濠の改称が行われた。また昭和 29 年改軌・降圧による市内電車の競輪場前（旧称、西鉄多々良）への乗入れに伴い、西鉄博多駅前→新博多、箱崎宮前→箱崎浜、網屋立筋、箱崎松原→箱崎松原、西鉄多々良→競輪場前の市内線停留所への改称や新設が行われた。その後、昭和 41 年までに貝塚線の停留所は、新博多→千鳥橋、金平、箱崎浜、網屋立筋、箱崎松原、九大中門、競輪場前→貝塚に変更された。循環線では、潟洲町－博多駅前間に緑橋が復活しており、昭和 38 年 12 月の博多駅の移転に伴い、昭和 39 年 7 月開通の新線（1.6km）に沿って博多駅前、人参町、住吉が設けられ、博多駅前→馬場新町の改称が行われた。さらに昭和 39 年 12 月には "新" 博多駅経由の外廻り新線開通後も依然として 1 系統のみで運行されてきた内廻り旧線（1.2km）の廃止に伴って、管絃町と住吉宮前が廃止された。その他循環線では、渡辺通三丁目→渡辺通二丁目、渡辺通五丁目→渡辺通四丁目、競艇場前（新設、天神町－須崎橋 間）、須崎橋→市民会館前の変更がなされた。また昭和 36 年 2 月には吉塚駅から千代町を経由して博多築港（貨）に至る 1067mm 軌間の貨物線の運行を終了している。なお電停位置の変更も適宜行われており、電停名の対応に曖昧さが残る点をご承知おきいただきたい。

昭和 41 年 7 月 31 日現在

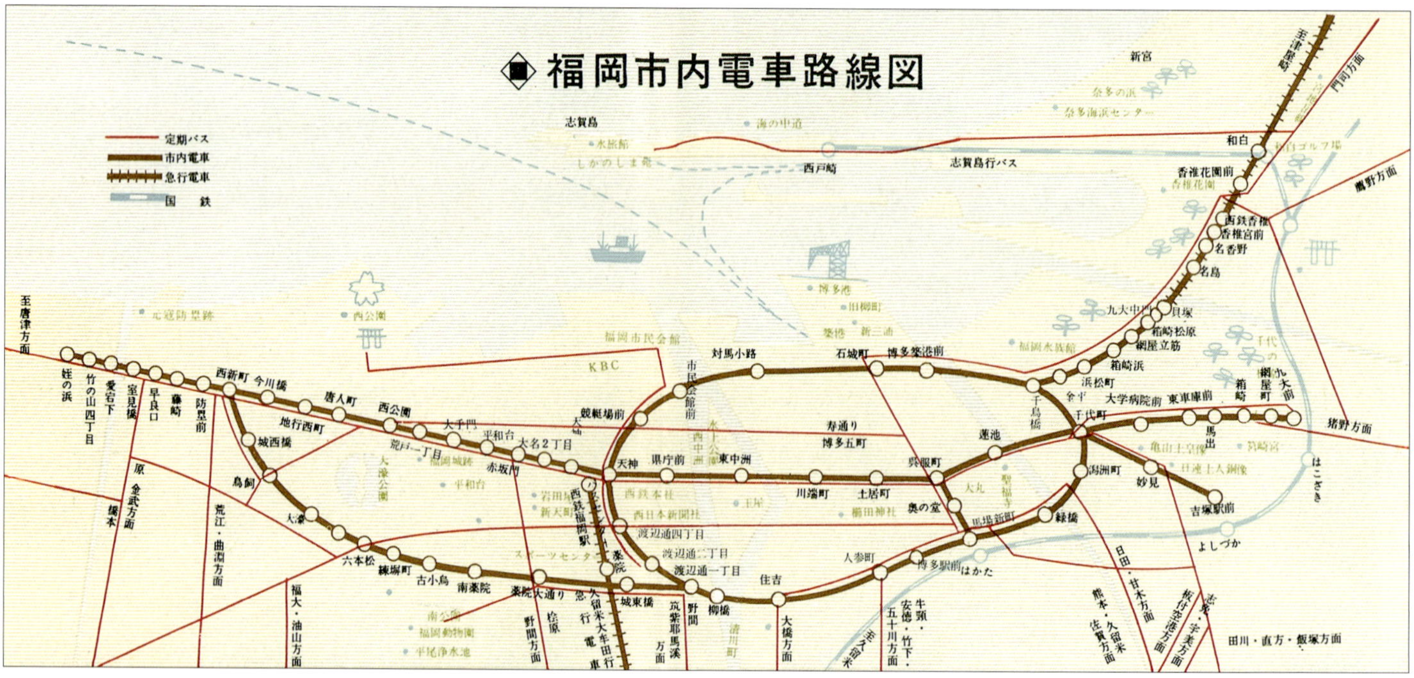

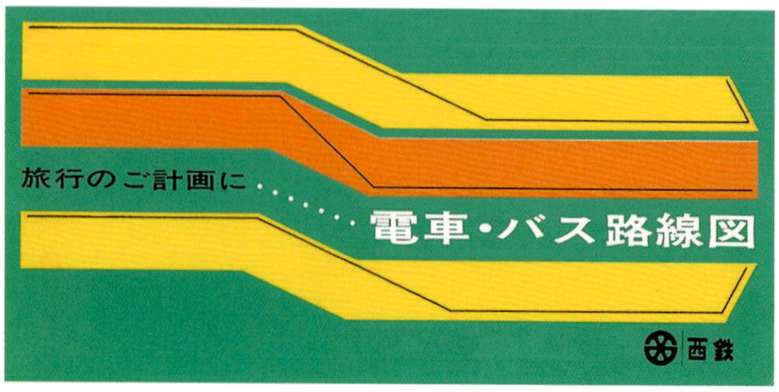

■貫線の天神の西側の未記入の停留所は天神二丁目（旧称、万町）で、この路線図発行の昭和 41 年 7 月以降昭和 54 年 2 月の全線廃止までの変化は、天神二丁目→西鉄グランドホテル前、地行西町→地行、西新町→西新の改称である。城南線の六本松の西側の未記入の停留所は草ヶ江（旧称、浜田町）で、昭和 41 年以降に古小烏→動物園入口の改称が行われている。循環線は、博多駅移転に対応した昭和 39 年 7 月以降の新しい博多駅経由の新線開通後の姿であるが、以降全線廃止までに、潟洲町→福高前、馬場新町→祇園町、人参町→駅前四丁目、競艇場前→那の津口の改称がなされた。さらに貝塚線では金平→馬出三丁目の改称がなされ、吉塚線（千代町－妙見－吉塚駅前 ,1.2km）は国鉄妙見踏切付近の交通事情緩和のために、貫線・城南線・呉服町線の廃止よりも先に、昭和 48 年 1 月 4 日で運行を終了している。なお "薬院大通り" は "薬院大通" と書くべきところであろう。

路線図（大牟田線・宮地岳線）

昭和 26 年頃発行

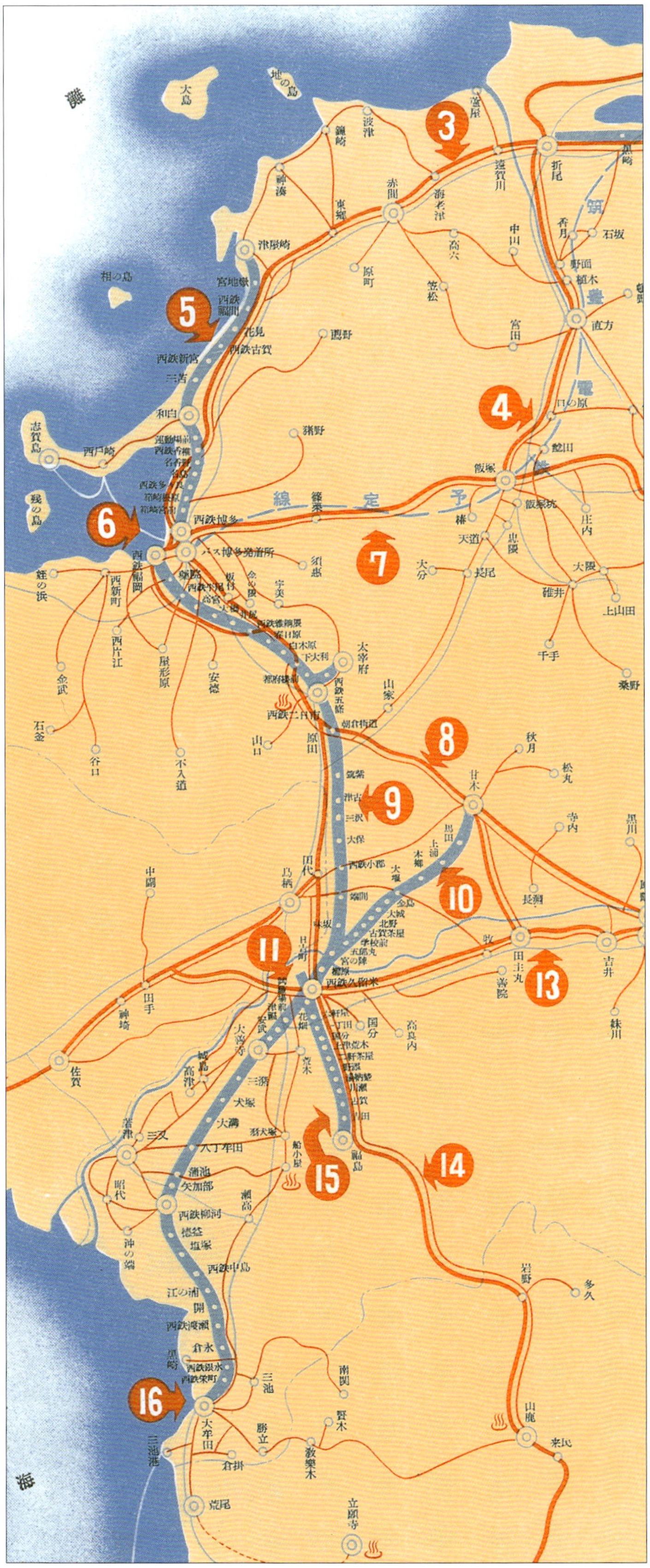

昭和 41 年 7 月 31 日現在

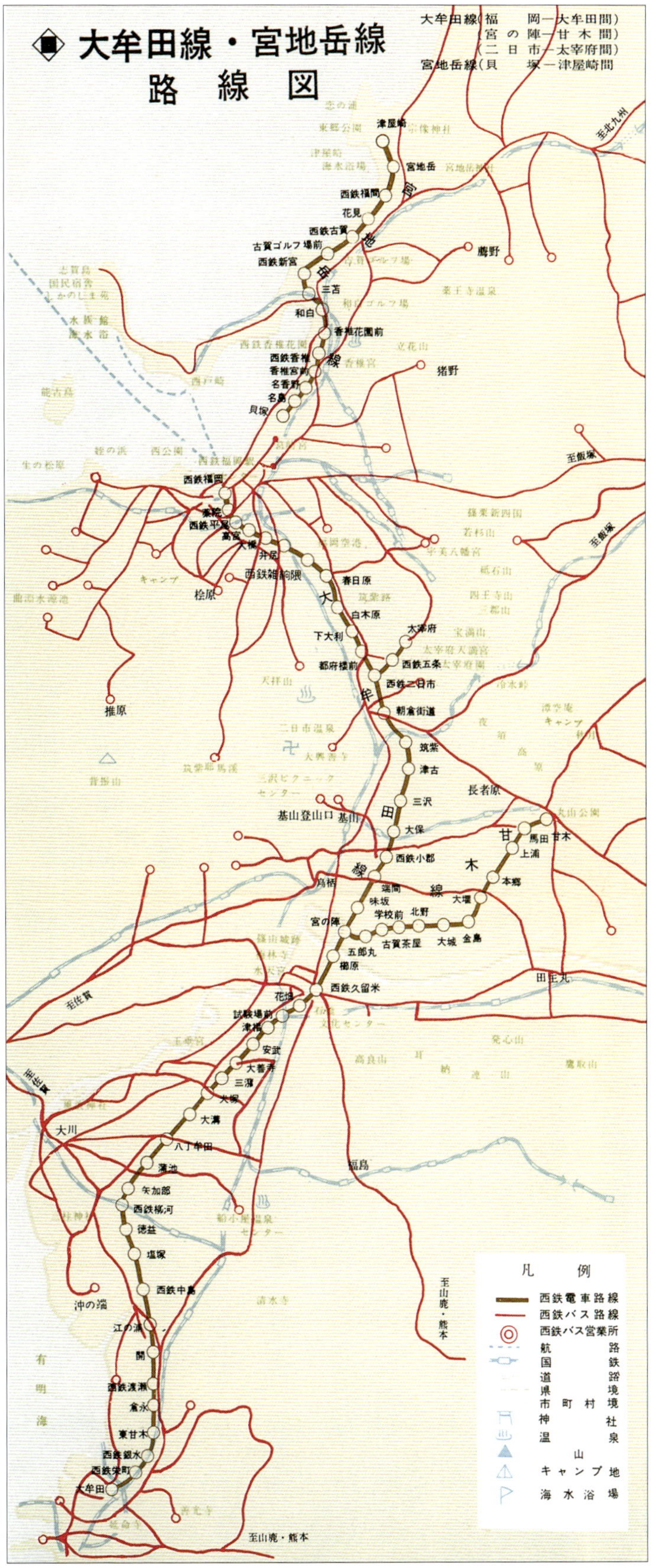

■この路線図の発行年月が記載されていないが、大川線（大善寺－西鉄大川,13.6km）の営業休止（のちに廃止）となった昭和 26 年 9 月 25 日以降の状況である。一方、宮地嶽線の起点は西鉄博多（のちの新博多→千鳥橋）となっており市内線の西鉄多々良（のちの競輪場前→貝塚）乗入れの前であることから昭和 29 年 3 月以前となる。さらに詳細に見れば昭和 27 年 1 月 6 日新設の東甘木が記されていない。これより大川線休止直後に発行されたものであることがわかる。ちなみに、記載のある福島線（日吉町－福島 ,12.3km）の廃止は昭和 33 年 11 月であった。黒崎－直方－飯塚－博多駅前を結ぶ“筑豊電鉄予定線”が記入されていることに注目。

■大牟田線の現在までの変化は、平成 13 年 1 月 1 日より路線名を「天神大牟田線」に改称、西鉄福岡→西鉄福岡（天神）（平成 13 年）、西鉄雑餉隈→雑餉隈（昭和 46 年）、桜台の新設（昭和 46 年、朝倉街道－筑紫 間）、三国が丘の新設（平成 4 年、津古－三沢 間）、西鉄柳河→西鉄柳川（昭和 46 年）、西鉄栄町→新栄町（昭和 45 年）である。一方、宮地岳線の変化は、唐の原の新設（昭和 61 年、香椎花園前－和白 間）、平成 18 年の名島－西鉄香椎間の高架化に伴って名香野の廃止と西鉄千早の新設が行われた。さらに平成 19 年 3 月末限りで西鉄新宮－津屋崎 間の路線廃止が行われて路線名称を「貝塚線」に変更している。

■網屋町からやってきた電車は九大前の手前で右カーブとなり、九大正門や箱崎商店街のある箱崎通りに突き当たったところで終点となる。電車道に沿って九大前の電停まで来る車は少なく、道路の終端というよりは小さな広場という印象であった。電停のまわりには食堂や商店があり、いかにも古くからある大学の街という雰囲気が漂っていた。大正10年の開通以降は工科大学前→帝大前→九大前という名称の変遷を辿る。九大前－網屋町 S50.9(N35/2.8, KII)

■九大前の電停では複線が一本になっており、次の電車は写真の向う側の安全地帯のないところで乗客を下ろして待機していた。九大前 S50.10 (N35/2.8, KII)

福岡市内線
貫線

九大前・
網屋町

■九大前を発車した電車は九州大学の元法文科系があった建物をバックに走る。今でも語り継がれている有名なラーメン店はかつてはここにあった。九大前－網屋町 S50.9（N200/4, KⅡ）

■網屋町はその名の通り元は漁師町であり、電車通りから海側には狭い路地がはり巡らされている。また網屋町は箱崎商店街の中心でもあり、人通りで賑わった。網屋町 S50.10（N35/2.8, KⅡ）

貫線の東の終点は九大前で、網屋町から回り込んで九州大学の正門が面している通りに突き当たったところに電停がありました。千代町から九大前にかけては電車通りとほぼ平行にこの“箱崎通り”があり、さらに東に進んで多々良川の手前で国道３号線に合流しています。この狭い通りがかつて門司方面への幹線道路であったことは、当時九大前付近に残っていた門司方向を示した古い道路標識からも明らかでした。箱崎地区にはこの道路に面して市場や多くの商店があり、日中はたくさんの買い物客で賑わっていたものです。また九大正門付近から網屋町にかけては、学生街を象徴するかのような古本屋や家具屋をはじめ、食堂や映画館などもありました。九大前電停付近は、どん詰まりの広場というような雰囲気で、どこからともなく乗客が集まってきます。電停付近は道が狭く複線の線路が１本になっており、電車は到着した順番通りに各方面に発車してゆきました。近年この界隈の道路整備が進みましたが、網屋町側にカーブしたかつての“電車道”は現在も不自然な形で一般道路として残り、市内電車が走っていたことを現在に伝えています。カーブの網屋町側から法文系や研究所のあった古い建物の上部が見えていた光景も過去のものとなりました。

網屋町はその名のとおりの漁師町で、現在の国道３号線が通っているところはかつては海で、同じ市内電車の貝塚線側には漁村特有の作業小屋なども並んでいました。網屋町には現在も入り組んだ路地が残り、また狭い道の脇には商店や料理屋が並ぶ光景が見られます。博多名物の”おきゅうと”（ところてんに類した食材）は今もこの場所で作られていると聞きます。市内電車廃止後30年余りを経て、箱崎の商店街やその周辺の雰囲気もすっかり変わってしまいましたが、今後さらに九州大学の箱崎キャンパスが完全に移転するという話もあり、市内の西に位置する西新とともにあれほどの賑わいを見せていた東の”箱崎”界隈は再び大きく変化しようとしています。

西新
1104

筥崎宮放生会の頃
― 箱崎 ―

■毎年9月12日から18日までの間、筥崎宮の放生会（ほうじょうえ）が始まると福岡にも秋が訪れる。昼間はまだ夏の暑さが残る。放生会は生き物を放ち供養するというのがその始まりとされるが、市民の認識からすれば秋祭りの色彩が濃い。路面電車は参道を往来する人々に細心の注意を払いながら参道を渡ってゆく。折りしも当時の国内線航空機の花形であった日本航空のDC8-61が機体を光らせながら“板付空港”への着陸体制に入っている。現在の福岡空港も当時と同じ位置にあり、交通アクセスの良いことで知られるが、米軍の板付基地があったことから福岡市民には久しく板付空港と呼ばれていた。ところで手前の少女が持っている赤いりんご飴はとても甘そうだが、中のりんごはかえって酸っぱく感じる。福岡の話ではないが、みかん飴というのもあって、次の人のために一個の皮をむかなければ自分の分を買えないという思い出がある。この頃になると、他の連接車とは形態の異なる汽車会社製の1100形連接車のうちで稼動している車輌はきわめて限られ、滅多に見ることはなく、まさに放生会のための臨時運用であった。網屋町－箱崎 S50.9（N35/2.8, KⅡ）

■夕方になって小雨もほとんど止んだが、雨の平日であるために参道を歩く人もまばらである。空にはわずかな明るさが残っており、夜店の白熱球のオレンジ色の光が徐々に明るさを増してゆく。一旦停止していた電車は係員の合図に従って参道を渡り、写真手前にあった箱崎電停に到着する。箱崎 S50.9 (N35/2.8, EH)

■昔から夜店の定番の一つはお面屋さんで、時代ごとに人気キャラクターが変化してゆく。昔から放生会は老若男女を問わず大きな楽しみであり、子供の頃の思い出を懐かしむことができる貴重な機会でもある。箱崎 S50.9 (N35/2.8, EH)

放生会の夜

網屋町を出るとしばらくして筥崎宮の参道を渡ります。この参道は箱崎通りに始まり、時代の変遷とともに貫線、古くは博多湾鉄道汽船の汽車が走っていたという貝塚線、国道３号線と次々に横断されてしまいました。筥崎宮は大分県の宇佐、京都府の石清水と並ぶ日本三大八幡宮の一つで、応神天皇を主祭神とし、蒙古襲来の際に炎上した社殿の復興に際し奉納された亀山上皇の御辰筆「敵國降伏」が桜門の扁額に再現されています。１月の”玉せせり”、７月の博多祇園山笠の”お汐井とり”、９月には“どんたく”や山笠とともに博多三大祭りの一つである”放生会（ほうじょうや）“が行われます。お汐井とりでは、この行事のために現在も砂浜を残している参道の先端で各流れ（山笠祭りに参加する歴史的な町の名称）ごとに安全祈願の真砂を持ち帰るもので、お年を召した方々の帰りはさすがに徒歩とはゆかず、正装のしめ込み姿で電車を利用されることもありました。また放生会は毎年９月12日～18日に、夏の盛りも過ぎて秋の気配を感じさせる季節に行われます。「梨も柿も放生会」と言われ、参道周辺には溢れんばかりの夜店が出て、老若男女を問わず福岡市民に広く親しまれている祭りです。日暮れが近くなると電車は満員の乗客を箱崎電停まで運んできます。箱崎電停はどちらかと言えば駅のような造りで、古いながらも木造の駅舎があり、上下線以外に箱崎止の電車が発着できるように、別に一本の行き止りの線路が九大前方面のホームの浜側に設けられていました。放生会の期間中、貫線側は本殿も近いので昼夜を問わず参道には多くの人の流れがあり、電車の方が参道の手前で一旦停止をしながら係員の誘導により渡っていました。

■この写真は貫線側ではなく参道を浜側に進んだ貝塚線側である。色とりどりの風船が逆光のライトに輝く光景が美しかった。箱崎浜S53.9（N35/2.8, EPR）

■夜店でよく見るのは昔も今もたこ焼屋さんである。なかなか電車とは纏まりにくく、撮影のタイミングも難しかった。箱崎浜 S53.9（N35/2.8, EPR）

■伝統的に夜店で売られていた砂糖菓子。砂糖が貴重品であった時代の名残であろうか。まねき猫や鯛という対象や、濁りのない紅色と緑色を主体とした色付けが昔日のほのぼのとした雰囲気を感じさせる。

■その昔は波打ち際にあったという貝塚線側の高灯篭付近から筥崎宮側を見る。露店の色が鮮やかに写るアングルを選択したが、箱崎浜電停を発車した電車が突然やってくるので、ずっとファインダーを覗きながら構えていなければならず、非常に疲れる撮影となった。写真左、青色の幟にある「チャンポン」とは和製中華料理の名称ではなく、筥崎宮で売られている絵付けされた薄いガラス製のビードロのような玩具の名称で、口で吹くとガラスの変形により名称どおりの音がするというが、実際にはペコン・シャコンという感じである。毎年一定数が筥崎宮で売られるがすぐに売切れるため、需要に応えて露店でも売られている。箱崎浜 S53.9（N600/5.6, KM）

箱崎電停付近

■箱崎電停はどちらかといえば駅の様相を呈しており、かつてはここに東電車営業所が置かれていた。明治 43 年、福博電気軌道による最初の開通時は博多座前（のちの東車庫前）から黒門橋までと呉服町から博多停車場前（のちの博多駅前）で、同年内にここが起点となった。工科大学前（のちの帝大前→九大前）まで延伸されたのは大正 10 年であった。最晩年の駅の正面は民家の裏側の路地を入ったところにあり、お世辞にも綺麗とは言えなかった。箱崎止まりの電車もあり、写真右側の分岐の先にあった行き止り側線に停まっていた連接車をよく見たものである。箱崎 S48.12（N105/2.5, PX）

■箱崎から馬出に向かう電車。先のカーブを曲ればすぐに馬出電停となる。箱崎から東車庫前までは古い住宅密集地の中を走っていた。同じ専用軌道でも貝塚線とは異なり、まわりの雰囲気からも明治期の開業という路線の歴史を強く感じさせるものであった。箱崎ー馬出 S48.12（N105/2.5, PX）

■放生会の二年に一度、福岡市の文化財にも指定されている御神幸が行われ、御神輿行列が日暮れ方に浜側の頓宮を基点に海門戸、帝大前を経て筥崎宮へと向かう。地元消防団もはっぴ姿で参加する。お上りの“一ノ戸”を供養するのは箱崎と筥松の氏子だ。S50.9（N200/4, EH）

筥崎宮参道を浜側へ

■貝塚線の電車を参道から撮影する。高所からの撮影ではないので、手前に入る人々と電車とのバランスはまさに運次第である。逆光気味で透き通るピンクと黄色の風船が写真に彩りを添えてくれた。箱崎浜 S50.9（N200/4, KII）

■筥崎宮側から浜側を見る。新しいボディ・台車に木造車からの再利用機器を組み合わせて昭和38・39年に5台のみ製造された二代目300形が通り過ぎてゆく。この電車は台車の緩衝効果がなかなか良好で、乗車の際にこの電車が来ると嬉しかった。箱崎 S50.10（N35/2.8, KII）

馬出《まいだし》から 千代町へ

箱崎を出ると電車は道路上ではなく専用軌道を走ります。箱崎通りを横断する馬出（まいだし）の前後には急カーブがあり、馬出電停を中心に丁度クランク状に走ってゆきます。”馬出”というのは筥崎宮の大祭の折に御神酒を運ぶ馬を集めたことに由来する名称だそうです。馬出の手前には金魚屋さんの生簀があり、まだ贅沢な暮らしができなかった昭和30年代の庶民のささやかな楽しみとして市内に金魚を卸していました。また馬出は薄く削られた杉や檜の板を素材として米櫃や弁当箱、茶道具、祭具をなどを作る”曲げ物”職人の町で、現在でも続いています。

馬出の次は東車庫前で、市内電車創業期以来の小さな車庫ですが、実質的には工場でした。ここでは花電車の装飾を担当しており、花電車が日ごとに出来上ってゆく様子を電停で電車を待っている人々が皆楽しみに覗いていました。博多どんたくの期間中、花電車はこの東車庫を起点に市内を巡っていました。ここから先は東公園に沿って、古い民家と並木の間をほぼ一直線で走りますが、大学病院前の電停付近には遠来の患者や家族のために多くの旅館があり、その一部は現在でも見ることができます。東公園には大きな武道館があったのをはじめ、院政時代に二度の蒙古襲来（元寇）を受け、「敵國降伏」の祈願を伊勢神宮で行ったとされる亀山上皇や、日蓮聖人の銅像もあります。東公園では毎年1月のはじめに十日恵比須神社で「十日恵比須祭」が寒風に小雪の舞う中行われ、手に手に福笹飾りを持った多くのお年寄りやお孫さんが電車を利用していました。

■馬出電停を箱崎側から見る。手前に写っている箱崎通りを横断するために線路はクランク状に曲がってゆき、その中心が馬出電停であった。電停のまわりには商店街がある。写真に写っている安全地帯は現存する貴重な福岡市内線の遺構となっており、道を挟んで一対ある。馬出 S50.5（N35/2.8, TX）

■馬出電停を東車庫前側から見る。箱崎通りに車が見える。現在は西鉄バス専用道として整備されているが、旧線路敷であることを知らされなければ、まことに不思議な空間としか言いようがない。馬出 S50.10（N35/2.8, KII）

■馬出を出ると右に急カーブを描き、ここから東車庫前、大学病院前を経て東公園の入口付近までほぼ一直線で専用軌道を走る。廃止翌日からこの専用軌道上に電車代行バスを走らせるために舗装の準備が進んでいる。200形は全車揃って貫線・呉服町線・城南線廃止直前の最後の日まで大活躍した。馬出ー東車庫前 S50.10（N200/4, KII）

■東公園の灯篭をバックに電車は専用軌道から路面に出てくる。ここから東中洲までは一直線である。東公園は、かつて九州三大松原と称され、東は多々良川付近まで続く千代の松原の一角を占めていた。奥に見えるクラシックな建物は武道館である。現在の東公園は福岡県庁や福岡県警察本部の移転に伴って大幅に縮小されてしまった。毎年1月8日～11日の間、寒風を突いて公園内の十日恵比須神社で開催される「十日恵比須祭」は多くの人出で賑わう。背後のバスは懐かしい観光用の塗色である。大学病院前－千代町 S50.10（N200/4, KII）

東公園の脇を通り抜け、再び道路との併用軌道に出るとすぐに千代町の交差点があります。かつては大変賑わったところで、北東の角にあった国際映画劇場では戦後最新の米国映画の上映が行われ、敗戦からの復興途上にある多くの市民に楽しみを与えていました。交差点周辺から千鳥橋（旧称、新博多）にかけての一帯にも多くの商店や、西側に少し入ったところには大津町商店街がありました。千代町では博多駅方面からと築港方面からの循環線が交差します。さらにこの循環線には吉塚駅前を起点としていた吉塚線が交差点の南側から合流していましたが、妙見踏切付近の交通混雑緩和のために昭和48年1月にいちはやく廃止されています。昭和30年代の中頃までは、妙見の専売局付近の瓦斯会社や、船舶による積出しのために博多築港貨物ヤードまで糟屋炭田で採れた石炭を運ぶために、吉塚駅（起点は元 三角電停付近）から国鉄の石炭車が直接乗り入れて、西鉄の小さな貨物電車に引かれて走っていました。私も小さい頃に丁度今の福岡国際会議場よりも手前にあった岸壁近くで、真っ黒な土の上に貨物の引込み線が敷かれていた光景を見たことがあります。この頃は志賀島への志賀町営汽船のりばもすぐ近くでした。月光仮面の黄色い三日月を連想させる青い三日月形マーク？も誇らしげな新しい汽船の姿は、とくにオーバーハングした操舵室の形がとてもかっこよく、急遽祖母に頼んで志賀島まで一往復乗せて貰いました。途中の大原へは、近寄ってきたボロボロの小さな木造船に海上で乗換えるというものでした。それにしても市内電車が走る路面上を、石炭を満載した貨車が同時に走るというのは想像に絶するもので、景気の良かった当時の炭鉱を象徴していたかのようです。国鉄の貨車と市内電車とでは線路幅が異なりますので、吉塚駅前－博多築港前 間は複線のそれぞれに3本ずつ軌条が敷かれており、1本は市内電車と石炭貨車とで共有するというものでした。このような特殊な線路の名残は昭和40年代に入っても依然として千代町交差点の北側や吉塚駅前付近にわずかながら残っていました。

さて貫線は千代町交差点を通り過ぎて、石堂川（三笠川）を渡り、蓮池を経て呉服町に向かいます。呉服町付近は現在でこそオフィス街ですが、昭和38年の暮までは博多駅が現在の祇園町（旧称、博多駅前、馬場新町）に位置しており、旧博多駅前から奥の堂を経て呉服町、さらに土居町や川端町方面へと、博多の街並みが続いていました。呉服町には博多大丸百貨店があり、当時のこの界隈の賑わいを象徴するものでした。

東中州から
天神へ

■西中洲大橋から東中洲方面を望むと、最も博多の街らしい写真が撮影できる。呉服町・千代町を経て東公園の入口付近まで一直線であり、複数の電車を必ず写真に収めることができた。当時と比べると人通りこそ少なくなったが、東中洲の雰囲気は現在もあまり変っていない。東中洲 S50.10（N200/4, TX）

■西中洲大橋の下を流れる那珂川は商人の町として発展してきた“博多”と武士の町“福岡”との境界であると言われる。かつては両者の差異をよく人に聞かれたものだ。市民にとっては福岡の玄関口が博多駅であるのは当り前であるが、遠来の方には非常にややこしいらしい。ラーメンは“福岡”エリアで有名になったはずだが、何故か“博多ラーメン”という。有名な屋台も必ず“博多の屋台”と呼ばれる。“博多”という言葉の方がやはり親しみが感じられるのは福岡市民だけではない。右側に写っているネオンが美しいことでも有名な中洲は古くから九州一の歓楽街で、現在もその地位は揺るがない。この橋はすでに架け替えられて現存しないが、博多どんたくのときは、橋の上あたりがどんたく隊パレード見物の中心となるのは今も同じだ。東中洲－県庁前 S50.10（N35/2.8, KⅡ）

■西中洲大橋の天神寄りを見る。煉瓦造りの建物は大同生命ビルで、明治・大正・昭和と市内電車を見続けてきたが、すでにここにはない。この付近の夕方に車が混雑する状況は今も同じである。写真のすぐ右には水上公園があるが、当時はトイレが非常に汚かったのが印象に残る。東中洲－県庁前 S50.10（N135/3.5, KⅡ）

■現在のアクロスのコーナー部分に相当する場所には美しい花時計があった。昭和40年代の中頃までは、この道を左に入ったところに公用車のボンネットバスが待機していた記憶がある。県庁前–天神S50.10（N35/2.8, KⅡ）

■以前は天神の中洲寄りに県庁があった。現在の県庁は東公園に移転し、ここは福岡県の施設を中心とした「アクロス」や、さらに南側は天神中央公園となっている場所である。朝の通勤時間帯の一コマ。県庁前 S50.10（N35/2.8, KⅡ）

さて呉服町から貫線は博多の中心を抜けてゆきます。土居町を過ぎると両側には店舗が連なり、さらに北側に一筋隔てたところには貫線と平行に寿通り商店街のアーケード街があり、さらに北側には商業の町博多に商品を供給していた綱場町の問屋街がありました。前者は博多リバレインの建設により思い出の彼方に消え去ってしまいましたが、後者は健在です。現在では流通も大きく変化し、郊外にはいくつもの巨大なショッピングセンターができていることを考えると隔世の感が否めません。やがて電車は川端町に到着します。貫線と今も盛業中の川端通り商店街とが交差し、さらに北側で川端通りと寿通りとが交差する人の往来の耐えないまさに“博多”の中心でした。川端町を過ぎると線路はわずかに上昇して博多川を渡ります。この川は昭和30年代から40年代にかけてはまさにドブ川で、ヘドロ臭があたり一面に漂っていて、夏場に電車に乗っていると匂いでここを通過したことがわかるほどでした。博多川の橋を渡るとすぐに東中洲の電停で、中洲といえば九州最大の歓楽街であることは今でも変わっていません。中洲には電車通りを取り巻くように映画館やレストランが多数あり、当時は東京の銀座のような雰囲気もあって昼間は家族連れ、夜はカップルも多かったようです。中洲には大正14年に創業以来、博多の街をずっと見続けてきた福岡玉屋百貨店があり、平成11年に閉店するまで中洲・川端地区の商店街の核となる存在でした。建物は大正期から同じ外観のタイル貼りで、柱の装飾などの内装はもとより、飛行機のプロペラのような扇風機や白熱灯の入ったガラスの照明器具などの設備からも戦前の雰囲気を色濃く残す情緒溢れるものでした。晩年は町の中心が天神方面に移ったせいか、お客さんも少なめでしたが、古くより福岡に在住しているの人々からは最後まで大切にされてきた福岡一の老舗百貨店でした。電車は東中洲を過ぎると西中洲大橋を渡ります。昭和30年代の初めは泳げるぐらいに綺麗であったのをうっすら記憶しておりますが、すでに30年代後半にはドブ川の様相を呈していました。那珂川の東岸にはネオンが灯り、昭和48年秋のオイルショック時には一時的に点灯が制限されたこともありましたが、川沿いの屋台や夜店とともに、昔より有名な博多の夜の風物となっています。電車は旧西中洲大橋を渡り、明治期のレンガ造りで有名であった大同生命の建物の横の急カーブをほとんど速度を落とさないまま走り、乗客が少しひるんだところで現在のアクロスの前にあった県庁前の電停に到着します。このあたりは当時からビルが多く、水鏡天満宮だけがビルの谷間に昔ながらの姿で頑張っています。

■天神交差点を渡る貫線の電車の姿は福岡市内線を象徴的する光景である。貫線の廃止と運命を共にした連接車が満員のお客さんを乗せて最後の活躍をする。この平面交差のど真ん中に置かれた台の上で笛を吹いて交通整理をする警察官の姿をよく見たものであったが、電車がここで丁度すれ違うときはさぞ怖かったに違いない。写真の 1300 形は連接車の中でも最終グループに属し、昭和 39 年に竣工した車輌である。ボディの形態は昭和 29 年に竣工した 1000 形より一貫して引き継がれていて、北九州のそれとともに西鉄の連接車として有名な存在であった。連接車の一部は筑豊電鉄、広島電鉄、熊本市交通局に転籍して現存するが、熊本市電の車輌は普段は稼動していないようだ。連接車は運転席の真横まで座席があり、当時はまだ優先座席もなかったので、筆者は好んでこの素晴らしい展望席に座ったものだった。しかし新しい 1200 形や 1300 形では下部に斜めに仕切り板が取付けてあり、座席を詰めると右膝が左方向に圧迫されて座り心地は必ずしも良くはなく、今でもそのときの感触を思い出す。S50.10（N35/2.8, KⅡ）

福岡の中心　天神交差点

■天神より中洲方面を見る。手前の電車の後部から撮影している。バスが丁度白にピンク帯の新色に塗り替えられ始めていた時期であったが、現在ではこの色も消滅しつつある。電車廃止後の代行バスはすべて新色で登場すると思いきや、一部の代行バスは窓枠の形状が斬新な新型であったものの、旧色の車も含まれていた。これは丁度写真左側の西鉄タクシーの横に写っているようなバスであった。電車の系統番号 5 は貝塚から千代町経由で姪の浜までを結ぶ経路であった。県庁前－天神 S50.10（N105/2.5, KⅡ）

■天神交差点のすぐ東側にあった貫線の西行き方面電停。城南線の電車はこの電停で乗客を降ろし、交差点を南に曲がった後の電停での乗降とあわせて二度停車していたと記憶する。すでにオフィスビルが並んでおり、現在とかなり似た印象である。それにしても 200 形は転籍を繰返して 13 台のすべてが最終的に福岡に集まり、第一次廃止時点までよく使用されていた。天神 S50.10（N200/4, KⅡ）

天神は以前は天神町（てんじん（の）ちょう）と言い、川端付近が旧来の“町人の町”としての博多の中心とすれば、那珂川を隔てた天神は黒田藩城下の“武士の町”としての福岡の中心です。戦後はこのあたり一帯も焼け野原になり、旧博多駅付近から天神が見えたという話は小学校入学時に先生からよく聞かされていました。戦前は松屋レディスの位置に松屋百貨店があり、また最近まで貫線側交差点のいわゆる“天神交差点”の南西側角に移転前の岩田屋百貨店があり、昭和 11 年以来 天神の光景のシンボル的存在でした。焼け野原から復興した商店街の多かった天神界隈に戦後の新しい開発がなされたのは、天神交差点の北西の角、三菱信託銀行があった位置に近代的な天神ビルが完成してからと言えるでしょう。現在も古さを感じないマルーンの立派な建物が完成したのは昭和 35 年で、天神と博多駅地区を含めて、福岡に本格的な地下街が初めてできたのもこのビルの下の食堂街からでした。次いで昭和 36 年には南東角の元 福岡郵便局・安田信託銀行跡地に銀色の福岡ビルが完成し、福岡の中心が急速に近代化されてゆきました。この福岡ビルには、万町（よろずまち、のちの天神二丁目→西鉄グランドホテル前）の西鉄グランドホテルが建っている場所にあった西日本鉄道の本社も移転して現在に至っています。以前このビルの南側には“西鉄街”という昔ながらの狭い木造アーケードの古い商店街の路地があり、昭和 40 年代の半ば過ぎまでは新旧が共存していました。また西鉄街の入口付近で、天神の南北を貫く渡辺通りの東側にも商店が並んでいました。

天神には東西南北の各方向から電車が頻繁にやってきますが、1 ヶ所あった循環線の南側と貫線の東側を結ぶ渡り線のポイント切替えは、“ハトの巣”と呼ばれていたタワーの上に設けられた灰色多角形の操車所で行われていました。このため、電車の車輌番号を呼んで進行の可否を指示する係員の声が交差点じゅうに響いて聞こえていたのも今となっては大変懐かしい思い出です。ポイント切替が自動化される前は、このようなタワーが線路の分岐のあるところに必ず設けられていて、私の記憶にある渡辺通一丁目、千鳥橋のほかに、呉服町、千代町などにもありました。

天神地区が天神交差点より北方向に発展し始めたのは昭和 46 年のダイエー福岡店の開店からで、これにより西鉄グランドホテルから北側に昭和通りを隔てて予備校方向に伸びる通称“親不孝通り”付近も賑わってきました。貫線が廃止されると地下鉄工事と南北方向の天神地下街の工事が進み、天神交差点付近の道路はオープンカット部分を塞ぐ鉄板や工事用の構造物だらけとなり一時的に美観が損なわれていました。それでも循環線の電車は毎日運行されて最後の頑張りを見せていました。

■大名町カトリック教会の前を走る。かつて木造の西鉄本社があった場所に建った西鉄グランドホテルの丁度向い側である。この天神寄りは道路も線路もクランク状に曲がって天神交差点方面へと続く。ここには万町（よろずまち）と称していた電停があり、以前はさらに急カーブであった。写真のカトリック教会は明治 29 年の建造で、昭和 59 年まではこの位置にあった。現在は久留米市の聖マリア病院内に「雪の聖母聖堂」として現存する。現在ここには教会堂ビルが建っている。西鉄グランドホテル前 S50.10（N35/2.8, KⅡ）

■赤坂門から平和台を経て大手門にかけては黒田城のお堀沿いに走る。当時から道は広く、電車が廃止された以外この光景は現在でもほとんど変化していない。堀沿いの散歩道の春は桜とつつじが同時に咲くこともあり、柳の新芽とのコントラストが美しい場所である。春の季節に撮影しなかったのが悔やまれる。平和台－大手門 S50.10（N135/3.5, KII）

平和台から 西新へ

天神を西方向に出発した電車はビル街の谷間を通り抜けます。現在の天神西通りのところでクランク状の急カーブにさしかかりますが、これでも昔よりはかなり緩和されていました。このような道の形は福岡城防衛のための“枡形”の名残と言われています。西鉄グランドホテル前（旧称、天神二丁目←万町）、大名二丁目（旧称、大名町）、赤坂門を抜けて平和台へと進みます。平和台球場は「西鉄ライオンズ」のホームグラウンドで、昭和30年代の初めには劇的な連続日本一を遂げたこともあって、戦後の復興期から高度成長期にかけての明るい兆しの中、多くの福岡市民が応援していました。平和台球場は電停を降りて福岡城址に向かって坂を少し登ったところにあり、その手前には貫線に沿って美しい堀があり、裏は城内へと続いていました。内・外野席は木の板を渡しただけの低いベンチで、ナイター時には場外の松の木の上の“特等席”からいつも何人かが観戦していました。試合が終わる頃を見計らって、車庫のある今川橋に待機していた乗客定員の多い連接車を次々に送り出し、電停付近にごった返している乗客を天神方面に運んでゆきます。係員も多く出て、このときほど路面電車の力強さを感じる場面はありませんでした。

平和台付近から大手門、荒戸一丁目を経て西公園にかけては、お掘の手前に植えられた柳並木を見ながら、広い道路の真ん中を電車は悠々と走ってゆきます。戦後になるまでは城内に練兵場があったと聞きました。西公園から先は道路が狭くなり、唐人町や地行の商店街も近い賑わいの中、渋滞している車に挟まれながら最晩年に西電車営業所があった今川橋を経て西新（旧称、西新町）に到着します。ここでは市内中心の南側を廻ってきた城南線と合流します。西新は福岡市中心部の西側を代表する賑やかな町で、貫線より一筋南側にはリヤカー部隊で有名な西新町商店街があります。生活雑貨や食料がすべて手に入り、昼間は大変な賑わいです。道の中央には近海でとれた魚や自家製野菜、花など満載したリヤカーが並んでおり、かけ引きをしながら一品ずつ買ってゆく昔ながらの買い物の光景が戦後から現在まで続いています。

西新の海側の百道（ももち）浜や東に隣接する地行浜は、平成元年のアジア太平洋博覧会、通称“よかとぴあ”を機に大きく埋められてしまいましたが、かつては市内中心部でありながら砂浜の広がる百道海水浴場がありました。子供の頃、夏の昼間の猛暑が落ち着いた夕方から電車で出かけて、西新で降りて5分も歩けば日没まで海水浴を楽しむことができました。そして帰りに生姜入りの冷えたアメ湯をいただくのが大きな楽しみでした。このような西新には文教地区というもう一つの顔があり、大学や高校が集まっています。電車はキャンパスを横に見ながら、元寇の石塁跡が残る”防塁”前を経て藤崎に到着します。かつてここには刑務所があり、大きな木の門の様子を覚えています。

■西新交差点では城南線が六本松方面より合流する。城南線側は道幅が狭く、乗客は道路脇で電車を待ち、電車が到着すると車の間をぬって道路から直接乗降していた。現在ではとても考えられない状況がごく普通の時代であった。西新 S50.10（N35/2.8, KII）

■西新の貫線沿いにあった昭和11年からの元福博電車の本社建物。ここには昭和17年9月の西日本鉄道発足時から昭和20年1月に大名町に移転するまで本社が置かれたが、その後も市内線の営業所（昭和46年までは西電車営業所）として使用されていた。ここで模造紙大の大きさにびっしり書き込まれた青焼きのダイヤグラムを御好意により見せていただいたときには大変感激したものだった。西新 S50.3（N35/2.8, TX）

室見川の流れ

藤崎を出た電車は、背振山系を南に望む田園地帯への玄関口である早良口を経て室見橋に到着します。当時の室見橋電停付近は電車通りに沿って商店が並び、また小さな市場もありました。ここから姪の浜までは単線で、半数ぐらいの電車はここ室見橋で終点となり、道路のど真ん中で長めに停車した後に順次折り返してゆきます。姪の浜行の電車は室見橋を出ると右にカーブして室見川を渡ります。ここは河口が近く、晴れた週末には濃い青色の海に白いヨットがたくさん浮かんでいるのが遠くに見えます。室見川は昔から美しい清流を維持しており、浅瀬が多く川面に立つさざなみの美しい川です。春には"踊り食い"で知られる白魚（しろうお）をとるための簗（やな）が川の中に仕掛けられています。また今となっては貴重な蜆貝もとれていたと聞きます。橋の下流側には座敷の窓を川に向けて料亭が並んでいます。一方、上流側には筑肥線の長い鉄橋があり、朝夕に1本づつ設定されていた長い客車列車のデッキから身を乗り出すようにして、高校生がたくさん乗っていました。

■夕日が川面のさざなみを照らす中、姪の浜行の電車は勤め帰りの乗客を乗せて単線区間の橋を渡ってゆく。室見橋－愛宕下 S50.10（N200/4, KII）

■夕日も沈み川面がピンク色に染まる。現在ではこの付近もマンションが建ち並び、さらに都市高速道路が川の西側に建設されるなど、風景は大きく変化した。室見橋－愛宕下 S50.10（N35/2.8, KII）

唯一の単線区間
室見橋－姪の浜

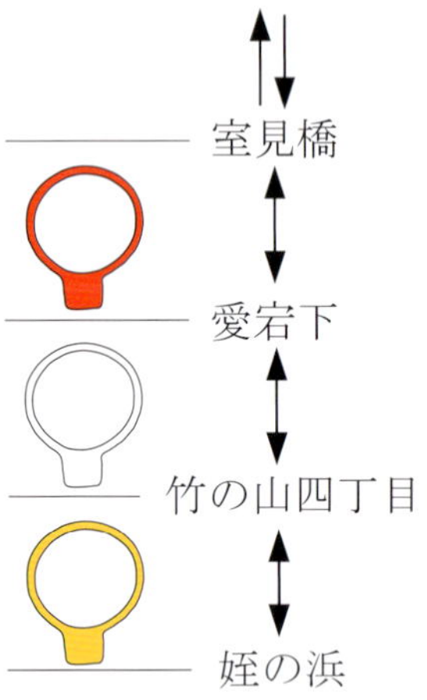

■室見橋では道路のど真ん中で一部の電車が終点となり、折り返しの電車の系統番号板を入れ替える光景も見られた。室見橋 S50.10（N200/4, KⅡ）

■室見橋以西の単線区間の通票の管理は保安上重要な業務であった。赤と白の“タブレット”はこれから単線区間に入る電車のみならず、この時点で姪の浜－竹の山四丁目 間に入っている黄色の“タブレット”を持った電車が室見橋まで戻ってくるためにも必要である。室見橋 S50.10（N200/4, KⅡ）

室見橋－姪の浜の単線区間では途中に愛宕下、竹の山四丁目の二つの停留所があり、それぞれで電車の行き違いができるようになっていました。電車の衝突を防ぐための保安方式は信号による自動閉塞ではなく、丸い輪になったいわゆる“タブレット”を使用していました。このタブレット、かつては全国の国鉄や私鉄の単線区間でよく使用されていたので実際に御覧になった方も多いはずです。国鉄などの例では、タブレットキャリアの下部のポケットには通行区間を刻印された真鍮の“タマ”が入っていて、同一区間で複数個のタマが準備されているものの、両端の駅に置かれた赤い木箱状の閉塞機により各閉塞区間ごとに最大１個しか取り出せない仕組みになっていました。一方、福岡市内線の単線区間では、各区間で決められたタブレットキャリアの色と各区間の通票とは１対１に対応しており、国鉄で主流であった方式では先の列車が閉塞区間を出た後であれば、同一方向に列車を続けて出発させることができたのに対し、市内線の方式では各区間あるいは区間をまとめて交互の向きに通行させてゆくことが基本となります。したがって室見橋より姪の浜側にいる電車が室見橋に戻ってくるためには、各停留所間で所定の色のタブレットを順番に受け取れることが必要となります。通常、タブレットは姪の浜行の電車が順次運んでゆき受け渡しが行われます。このタブレットの色分けは室見橋－愛宕下－竹の山４丁目－姪浜の３閉塞区間に対して、チューリップの歌のように、それぞれ赤、白、黄色となっていました。姪の浜を出る電車が黄色と白のタブレットを入手していれば、竹の山四丁目で姪の浜行きの電車と離合することはあり得ず、一挙に愛宕下まで戻ってくることができます。しかし室見橋まで戻るには次の区間の赤のタブレットが必要で、都合よくこれを持つ姪の浜行の電車が室見橋からすぐ来ればよいのですが、ダイヤ運転をしていたとはいえ、残りわずか１区間のために何分も参道の階段にある鳥居の下で待たされることもごく普通のことでした。しかし赤いタブレットを持ってくる電車が室見橋から来なければ、保安上決して愛宕下を出発することはできず、室見橋電停前の室見マーケット入口脇にあった詰所では係員の方がやきもきしながら、早良口方面から姪の浜行の迎えの電車が到着するのを待っていました。やっと見えてきた遠くの電車の行き先を双眼鏡で判定して、それが室見橋止であると、いつまでも愛宕下で戻りの電車を待たせるわけにもゆかず、もはやとばかりにバイクで赤いタブレットを愛宕下で待っている電車まで配達（“陸送”）に行くことになります。ただし、１区間に同一方向の複数の路面電車が続行運転で入ることは許されており、先行の電車はタブレットを持たずに黄色に赤の縁取りのついた小円板（続行票）を前に掲げて、後にタブレットを持った電車が続いていることを示していました。この円板を付けた先行の電車は途中の停留所で交換する電車の運転士または電停脇まで来ている係員が示す（複数の）タブレットの色を確認するだけで、その先の（複数の）区間に入ることができます。もちろん記憶違いは絶対に許されません。室見橋の詰所の係員の方は、電車が単線区間内のどの位置に入っているのかを常に念頭に置きながら適切なタブレットの運用を行い、極力時間通りに電車が単線区間内を往復できるようにする必要があり、多くの経験と労力を必要とする非常に大変な仕事でした。

■室見橋から早良口方面を双眼鏡で覗く。早く姪の浜行の電車が来ないと、この時点で愛宕下より先に入っている電車がいつまでも室見橋まで戻って来れない。室見橋 S50.4（N35/2.8, TX）

■まだ姪の浜行きは来ない。いつまでも戻りの電車を愛宕下で待たせるわけにはゆかず、赤の“タブレット”をバイクで配達に行く。室見橋 S50.10（N35/2.8, KⅡ）

■今度は赤と白の“タブレット”を竹の山四丁目まで配達に行く。複数の電車が姪の浜までの最後の一区間に入っていたからだ。黄色の“タブレット”を持っている最後部の電車以外は続行票（黄色に赤の縁取りの円板）を付けており、道路脇から“タブレット”の色の種類を見せるだけで通過させる。この時点で運転士は二区間分、すなわち室見橋まで安全に戻れることを知る。最後に続く電車は黄色・白・赤の３つの“タブレット”を持って室見橋に戻ることになる。竹の山四丁目 S50.4（N135/3.5, TX）

姪の浜は貫線の西の終点で、小戸方面に少し曲がり始めたところで線路は途切れていました。電停部分では２線に分岐しており、到着順と発車順を入替えることは可能だったのではないでしょうか。なにしろ車の往来の激しい国道 202 号線のど真ん中でもあり、スペース不足だったせいか、乗降のための安全地帯もありませんでした。周りには多くの商店が並び、買い物客も含めて大変賑わっていました。また姪の浜より先へは、糸島の各地や唐津以遠への昭和バスが博多駅からの直通で頻繁に走っていました。車体上部から順に黄緑・白・紺色の塗分けに加えて、白の部分には旧色の裾に用いられていた藤色の細い帯を複数配した大変美しい塗色でした。昭和 30 年代末期、まだ非常に珍しかった冷房車で運転された伊万里行き特急（小窓に緑色で表示）や呼子行き急行（赤で表示）が、屋根上に大きく目立つ３機のユニットクーラーとエアサスの空気音も誇らしげに大きく車体を揺らしながら颯爽と走っていました。さて晩年の姪の浜電停は車の混雑の中に埋もれていましたが、電車が到着するたびに乗降客が電車のまわりを囲む光景がありました。現在では商店も少なくなり、マンションが建ち並んで大きく変わった姪の浜電停跡ですが、通勤帰りで毎夜通る度に電車が来ていた頃のことを思い出します。

■竹の山四丁目付近の単線区間をのんびりと走る。ダイヤ上では姪の浜－室見橋間の所要時間ははたして何分に設定されていたのであろうか。離合待ちが続くときには 10 分以上かかっていたかもしれない。筆者は毎日の通勤でかつての単線区間を車で通るが、夜間ではわずか２～３分程度である。竹の山四丁目－姪の浜 S50.4（N135/3.5, TX）

愛宕下－姪の浜

■貫線の西の終点である姪の浜はまさに道路のど真ん中で、乗降の際には細心の注意を要した。電車の前面の左下枠内には白文字で「旅客の乗降時諸車一旦停止」と書かれていたが、実際には車はなかなか停まらず電車の横を通り抜けてゆく。姪の浜 S50.4（N135/3.5, TX）

■姪の浜電停部分のみは複線であったが、先端は再び単線になって切れており、降車と乗車で異なる線路を使っていた。花電車もこの線路配置を利用して逆向きながら戻りも３台の順番を維持していた。当時は電停のまわりに商店がたくさんあり、人の往来も多かった。電停名“姪の浜“と電車の行き先表示の“姪浜”とが一貫しない。姪の浜 S50.4（N135/3.5, TX）

白黒フィルムの楽しみ

昭和 40 年代までは白黒フィルムを使っている人が多く、カラー写真は高価という認識が払拭できたのは昭和 50 年代に入ってからのことです。しかし写真撮影を趣味とする場合には、白黒であれば自家処理が比較的簡単にできるので、現像とりわけ引伸しは大変楽しみなものとなり、暗室内の赤いライトの下で徐々に画像が浮かび上がってくる様子を見て大変感激したものです。白黒であれば撮影時とあわせて二度楽しめる上に、かつては至るところにあった写真屋さんに頼むよりも美しく仕上がる可能性を秘めていました。しかし暗室作業の腕前によって仕上りの差も大きく、とくに引伸しでは意図する仕上りを頭に描いて、一枚の写真に対して妥協しないことが上達の秘訣であったように思います。大きなサイズの印画紙はかなり高価で、たまに四つ切以上の大伸しをするときは一人真っ暗闇の中で非常に緊張してしまいます。失敗作が増えてくると追い込まれるような気分になり、これも結局は自分との戦いでした。↗

■愛宕下の電停の前には愛宕神社に登る階段がある。古い民家の前を電車がゆっくりと通り過ぎてゆく。時間がゆっくり流れているような雰囲気である。もちろん現在も神社側の様子はほとんど変化していないが、まわりはマンションばかりになってしまった。狛犬に電車が走っていたときの様子を尋ねてみたい気がする。愛宕下 S50.4（N35/2.8, TX）

↗一方、ネガカラーやポジカラー（スライド映写・印刷用）の場合には、写真屋さん取次で現像所に依頼するというのが一般的でしたが、出来上るまでの時間も一つの楽しみで、引取りに行く日は朝から心が浮き浮きしていたものです。デジカメの普及により、このような楽しみこそ機会がほとんど無くなってしまいましたが、画像処理ソフトの普及と相俟って、カラー写真を好みの調子に自宅で印刷することが可能となり、かつての白黒写真の自家処理に匹敵する楽しみが得られるのではないかと思います。かつてはよく用いられた“DPE”（現像・ネガ密着焼き・引伸し）という言葉も、35mm フィルムを使用する小型カメラがすでに普及していた当時では“P”こそ事実上消滅していましたが、現在ではそのすべてが過去のものになろうとしています。本書に掲載の白黒写真は本来は印画紙を用いて、もう一度自分の手で引伸しを行いたかったのですが、以前に押入れを改造して作った暗室があるはずもなく、カラーポジフィルムと同じプロセスで製版されております。

城南線

大牟田線との平面交差
— 城東橋 —

城南線は循環線の渡辺通一丁目を起点とし、城東橋、古小烏（のちの動物園入口）、六本松、大濠を経て西新で貫線と合流する全長 5.0km の路線でした。黒田城跡の南側を通るためこの名前があります。渡辺通一丁目の次の城東橋で大牟田線との平面交差があり、また練塀町の先で山を切開いて通したところを越えて六本松に下るという福岡市内線で唯一急勾配がある路線でもありました。六本松までは道路（こちらも城南線と言います）の交通量は多いのですが、ほとんどが国体道路を西方面に曲がってゆくので、六本松を過ぎると電車だけがのんびり走る光景が見られました。

■営業運転に入った大牟田線の最新鋭 5000 系と城南線電車との出会いはわずか 1 週間のみであった。5000 系の台車もまっさらだ。城東橋 S50.10（N200/4, KⅡ）

■早くも昭和 52 年に全 4 編成が宮地岳線に転出した 313 形の懐かしい姿。薬院から城南線の六本松方面に乗り換える乗客は大牟田線電車の通過に合わせて一緒に道路を渡っていた。城東橋 S50.10（N135/3.5, KⅡ）

■旧塗装の 600 系急行が渡ってゆく。600 系には 100 系改造の異端車ク 653 号が組み込まれている編成もあり、通過音の響きが大きく異なっていた。城東橋 S50.10（N135/3.5, KⅡ）

■城東橋（薬院）の平面交差の朝、福岡に向かう大牟田線電車も、平尾を出たあたりで待機していたが、城南線側も多くの電車が数珠繋ぎ状態で遮断機が上がるのを待っていた。城東橋 S50.10（N200/4, KⅡ）

■動物園入口、練塀町、六本松には私立高校があり、毎朝多くの高校生が明るい表情で城南線を利用していた。城東橋 S50.10（N200/4, KⅡ）

城東橋の電停と大牟田線の薬院駅とは同じ場所にあり、大牟田線の電車が渡ってゆくときには遮断機が下りて城南線側の交通は止められていました。平面交差を大牟田線の電車が渡るとき、車輌の種類や編成の長短によらず特有の大変リズミカルな音が聞こえてきて、市内電車のシンプルな通過音とは対照的でした。城南線との平面交差の想い出は平成７年に薬院駅が高架化され、遠い過去のものになってしまいました。しかし大牟田線の通過音は今でも脳裏に焼きついており一生忘れることはないと思います。自分の乗った市内電車が城東橋の電停に近づくときには、遮断機が下りて大牟田線の通過待ちをしないかといつも期待していました。大牟田線の輸送量は年毎に増えてゆき、朝などは福岡行が筑肥線と立体交差のある平尾駅から降りてきたところで待機するような状況さえもありました。城南線では薬院で一挙に降りてきた乗客が安全地帯に溢れるほどで、路面電車もよく数珠繋ぎになっていました。

■大牟田線との平面交差の様子。渡辺通り一丁目方面を見るが、当時は高い建物もなく広々とした雰囲気であった。城東橋 S50.10（N35/2.8, KⅡ）

古小鳥から練塀町へ

■動物園入口はかつて古小鳥（ふるこがらす）と称した。動物園や南公園への最寄の電停である。南側には浄水通りがこれらの場所へと続いており、付近は福岡市でも有数の高級住宅地と言われる。この電停の近くには“お嬢さん学校”と呼ばれる私立学校もある。城南線は南薬院を出てすぐに勾配にさしかかっており、この電停は坂の途中に設けられていた。動物園入口 S50.4（N105/2.5, EX）

城東橋を出ると薬院大通で貫線の赤坂門から続いている道路を横切り、南薬院を過ぎて左にカーブしながらで坂を登り始めると動物園入口に到着します。地元に方々には旧称“古小鳥”（ふるこがらす）のほうが馴染み深いかと思います。この南側の山手には動物園や植物園へと続く“浄水通り”があり、付近一帯は昔からの高級住宅地です。また電停から林を隔てて有名なお嬢さん学校もあります。一方、六本松寄りの北側には福岡で戦後の早い時期に建設されたアパート群がありました。ここから先、電車はモーター音を唸らせながらゆっくり坂を登ってゆき、練塀町（現在の桜坂）に到着します。さらに少し先に進むと山を切り開いて通された城南線の頂上となり、かつては天狗松の電停があったそうです。坂を少しずつ登ってきた電車はここで一挙に急坂を六本松に下ってゆきます。降りる速度も電車によってまちまちで、一度だけですが本当に六本松で停まれるだろうかと思えるぐらいの猛スピードの電車に乗ったことがありました。車も快調に坂を降りてゆくので、かつては脇道に机を並べてストップウォッチでの計測によるスピード違反の取締りをよく行っていた場所でした。この坂を六本松から登るときは相当な勾配で、どの電車も最初から飛ばしますが、坂はSカーブになっており100形木造車の車体は左右のゆれが激しくキシキシと大きな音を立てます。室内側からよく観察すると車体断面が平行四辺形になって左右に振れているのがわかり、隅の部分では木の合わせ目の隙間が広がったり狭まったりしていました。私は幼い頃からこの近くで育ち、夕方にオレンジ色の電灯を車内に灯しながら木造車が坂を登っている姿を覚えており、これが鉄道趣味の原点となりました。

練塀町での夕焼け撮影

現在の桜坂はかつて練塀町と言い、マンションが両側の高い所に建ち並ぶ間を車がひっきりなしに通っていますが、昭和30年代は天狗松と称される六本松方面への頂上付近には山を切開いただけの砂利道で何もなく、夜ともなれば本当に寂しい場所でした。昭和50年の春、たまたま夕暮れ時に電車でここを通りかかったときに空がほんのり赤くなっているのを見て、劇的な夕焼けのチャンスをずっと窺っていました。しかし夕焼けというのは、実際にその時刻にその場所に行ってみないとわからないもので、確実性はないのが辛いところです。日中小雨が降るなどの天気が悪い日で、夕方から天気が回復するような場合には綺麗な夕焼けとなる可能性が最も高く、福岡では毎年6月と9月にそれぞれ1回程度あるようでした。問題はいかにこれを早めに予測してこの場所に来るかということでした。この写真の撮影に際し、電車で到着したときにすでに夕焼けが始まっていましたので、電車から降りて1mも離れないうちに、横断歩道に続く安全地帯の先端にうずくまって低い位置に三脚を構えました。私に続いて電車から降りた乗客はもとより、電車の運転士、さらにこの時代にはすでに車が渋滞していましたので、車のドライバーからも電停に座って何を撮影しているのかと大いに注目を浴びてしまいました。そのまま形振り構わずファインダーをしばらく覗き続けていると、濃いオレンジ色になった空をバックに、六本松から電車が前照灯を灯しながら車体を左右に揺らして登ってくる光景が見えました。

天狗松の夕焼け

■練塀町を過ぎると城南線の最高地点に到達する。夕焼けの日を狙って六本松から坂を登ってくる電車を捉えた。当時より車の渋滞が激しい場所であった。練塀町－六本松 S50.6（N200/4, KII）

■城南線は昭和の初めに山を切り開いて通され、急勾配とカーブで山を越える。線路敷は昭和40年代に入っても未舗装状態で残っており、昭和30年代の夏場には散水車が来ているのをよく見かけた。現在の六本松は"城南線"、国体道路とも朝夕は渋滞のメッカである。練塀町－六本松 S47.3 (N135/3.5, SS)

■撮影からさほど時間が経過していないような気がするが、車の少なさを見ると時の経過を感じる。当時、筆者の自宅はこの近くにあり、幼少の頃にはよく電車を見に来ていた。練塀町－六本松 S50.7 (N135/3.5, TX)

■六本松を出発して練塀町側の急坂にさしかかる連接車。手前の電車の後部から撮影している。連接車はこの坂も軽快に登ってゆく。木造車時代のモーター音の周期的なうなりとボディのきしみ音が今でも忘れられない。練塀町－六本松 S50.10 (N200/4, KII)

天狗松の朝焼け

■オレンジ色の朝焼けをバックに城南線の電車が六本松に下ってゆく。この写真を撮影するために何度早起きしたことであろうか。少しでも朝焼けの兆候があれば、予め用意していたカメラを持って出かける。自宅から徒歩で数分の場所であったが、途中の道に起伏があるので朝焼けの見込みが薄れてくると、とてもきつく感じられた。200mm レンズでしゃがみこんで撮影した。フィルムはやはり感度ASA25 のコダクロームⅡである。練塀町―六本松 S50.10（N200/4, KⅡ）

福岡市内線の成立ち

福岡市内線は明治 43 年に開業した福博電気軌道と同年に開業した博多電気軌道に始まり、前者の経営は博多電燈軌道（明 44）、九州電燈鉄道（明 45）、関西電気→東邦電力（大 11）に引継がれ、後者は九州水力電気（大元）、二代目の博多電気軌道（昭 4）に引継がれながら、同じエリアで激しい競争を行うという特徴的な状況を経て、昭和 9 年に福博電車に統一されました。そして昭和 17 年 9 月 22 日には、九州電気軌道（のちの北九州市内線）、九州鉄道（大牟田線）、博多湾鉄道汽船（宮地岳線）、福博電車（福岡市内線）、筑前参宮鉄道（国鉄勝田線）の 5 社合併により、西日本鉄道が設立されました。

福博電気軌道は九州沖縄八県連合共進会に向けての交通機関整備のため、明治 43 年 3 月 9 日に大学前（のちの大学病院前）－黒門橋（西公園／唐人町 間）および呉服町－博多停車場前（旧博多駅前、祇園町）を開通させたのに続いて、同年のうちに東は箱崎まで西は地行西町（地行）まで、翌明治 44 年には今川橋まで開通させました。また九州電燈鉄道時代の大正 10 年には箱崎より東方向に工科大学前（九大前）まで路線を延伸しています。
（60 ページに続く）

六本松

■九州大学教養部の建物を背景に西鉄タクシーと並ぶ 208 号。200 形は昭和 18 年に二軸木造車の電装品を再利用して竣工した車輌で、戦前型気動車を連想させる軽快な板枠構造の台車が特徴であった。当初は側面に中央扉があり、大牟田市内線や福島支線でも活躍したが、これらの廃線に伴い最終的に全車が福岡市内線に集結していた。筆者が実際に聞いた範囲では、“ビィーポー”という警笛の音は木造車の 100 形とこの 200 形のみであった。六本松 S50.10（N35/2.8, KII）

六本松には九州大学教養部があり学生の街としての賑わいを見せていました。一方、六本松では城南線と中洲・天神方面からの国体道路とが交差するので昔から電車・バス相互乗換えの要所でもあり、人通りが絶えませんでした。昭和 30 年代までは他の町の例に漏れず東映直営の映画館もあり、何度か見に行ったことがあります。電車通りには二つの市場の入口が面しており、多くの買物客で賑わっていましたが、昭和 50 年代以降は徐々に活気がなくなってゆきました。最近ではキャンパスも廃止され、学生の街としての六本松も新たな局面を迎えようとしています。六本松を過ぎると草ヶ江（旧称、浜田町）、大濠公園を車窓から直接見ることを期待するも叶わない大濠（旧称、大濠町）の電停に到着します。さらに鳥飼を経て、貝塚車庫とともに大きな城西車庫のあった城西橋に到着します。城西車庫では常に電車が出入りしていて、出庫を待っている電車がよく顔を覗かせていました。ここから右に曲れば線路は一直線となり城南線の終点である西新（旧称、西新町）が遠くに見えています。西新での城南線電停は貫線に合流する交差点の手間にあり、安全地帯も無く車が行きかう中を注意しながらに乗り降りするというものでした。電停のまわりには西新商店街があり多くの人出で賑わっています。昭和 50 年秋の貫線廃止時に城南線も同時に廃止されてしまいましたが、“城南線”という言葉は道路の名称として昔から存在し、現在でも道路情報などでこの言葉を聞くたびに電車が走っている姿をつい想像してしまいます。

学生の生活

学生生活も時代の変遷とともに大きく変化しました。私が学生の頃は“下宿”という言葉をよく聞いたもので、一軒のお宅に“間借り”をするのがごく一般的でした。当時は楽しみも少なく、友人との繋がりは生活の上でも非常に重要で、夜はテレビがある友人宅に集まって騒いでいました。現在の学生はこぢんまりとしたアパートの一室に住むケースが多く、風呂をはじめ一通りの家電が揃っていて、夜中まで一人でパソコンに向うのが普通のようです。このため学生の間の連帯感は以前に比べて弱くなり、個人で行動することが増えたのは否めません。このような状況を反映して、楽しみを大学のクラブ活動に求めることも少なくなってしまい、とくに目標設定が曖昧になりがちな文化サークルの衰退はどこの大学でも同じようです。六本松も例に漏れず、かつては大変賑わっていた商店街付近に学生の往来は少なくなってゆき、さらにキャンパス移転後は交通の要所という位置付けで現在に至っています。キャンパスからよく聞こえていたトランペットやエレキギターの騒音がまったく聞こえないというのもかえって寂しいものです。

■六本松に停車中の1104号。昭和29年に川崎車輌製の1000形とともに竣工したが、こちらは汽車会社製で、以降は同形の車体での増備はなく5台のみに留まった。他の連接車に比べて角ばった車体、大きなバス窓が非常に個性的である。1000形とは異なり、前面下部の排障器はごく普通の形状だ。最後まで稼動していたのはほとんど1104号のみであった。現在もこの1100形の一部が広島電鉄の3000形として稼働しているが、2編成のうちの片方では、短く切断されて作られた中間車のみが形態の異なる元福岡市内線の連接車の中間に組込まれるという変則ぶりだ。六本松 S50.10（N35/2.8, KII）

■1100形とともに最初に福岡市内線に投入された連接車のトップナンバー1001号。六本松 S50.10（N35/2.8, EH）

■天神から循環線を北に進み、ダイエーのある角を東方向に曲がると賑やかな街並みは急に消えて、県立美術館や市民会館がある須崎公園の南側に沿って走る。やがて貫線の中洲西大橋よりも下流の須崎橋で那珂川を渡る。このあたりは海も近く干満の差の影響を直接受ける。ウナギやボラでも釣るのだろうか、現在でも車の通行量は比較的少なく、よく釣人を見かける。市民会館前－対馬小路 S53.11（N35/2.8, KM）

循環線

那の津口から千鳥橋へ

循環線という名称はあまり聞かれませんでしたが、天神と博多駅前を通って都心部を一周する路線で、貫線・城南線・呉服町線の廃止後も貝塚線とともに昭和54年2月までの3年余り存続していました。天神を南北に貫いて、博多埠頭の近くを廻り、千鳥橋で貝塚線を分岐して再び千代町で貫線と交差し、博多駅から渡辺通一丁目へと循環します。天神を出ると昭和46年のダイエー福岡店の開業で戦前の賑やかさを取り戻した北側のエリアを抜け、方向を東に変えて那の津口（旧称、競艇場前）へと進み、さらに市民会館前（旧称、須崎橋）の先で那珂川を渡ります。さらに現在の博多湾航路の乗り場に近い対馬小路（つましょうじ）、博多駅を遠望できる大博通りとの交差点で現在ではサンパレスや国際センターの玄関口である石城町を通って、かつての大浜の賑わいを象徴する料亭が残る博多築港前に到着します。築港前付近では昭和30年代の中頃まで、港の岸壁（博多築港貨物駅）からの貨物線が市内線に合流して貨物列車が乗り入れてきており、線路幅が国鉄と同じ1067mmで市内線の1435mmよりも狭いため、千代町を経て吉塚駅前まで上下線ともそれぞれ軌条が3本ずつ敷かれていたことは先に述べたとおりです。築港前と千鳥橋の間では那珂川と並んで大きな石堂川（三笠川）の橋を渡ります。千鳥橋はかつて新博多（西鉄博多駅前）と言い、湾鉄（博多湾鉄道汽船、のちの宮地岳線）の起点でした。近くには大津町商店街もあり、駅前としての雰囲気や賑わいがあったと聞きます。昭和29年に新博多－西鉄多々良（のちの競輪場前、貝塚）間の輸送力増強のために線路幅を拡幅して市内線の電車が競輪場前へ乗入れることになり、さらに千代町を経て潟洲町まで線路敷を併用していた国道3号線が石堂川沿いに変更されてからは、新博多からターミナル的要素はすっかり消えてしまいました。千代町交差点の南側からは妙見を経て吉塚駅前に至る吉塚線がありましたが、国鉄の妙見踏切付近の交通渋滞緩和策の一環として貫線廃止よりも早く昭和48年1月に廃止されています。

■須崎橋を北側から望む。那珂川はこの橋のすぐ下流で博多湾に出る。写真のタワーは昭和 39 年に造られ、福岡市民にはよく知られた「博多パラダイス」という民営のレジャー施設の名残で、現在では「博多ポートタワー」として当時とほとんど変わらぬ姿を留める。現在このエリアは「ベイサイドプレイス博多埠頭」としてサンフランシスコのピア 39 のような雰囲気が再現された観光施設となっており、「漢委奴國王」の金印の出土で有名な志賀島や、平成 17 年の福岡西方沖地震で大きな被害を受けた玄海島への市営渡船や、さらに近年では西鉄グループの食事付博多湾クルーズ船「マリエラ」などが出航する乗船場がある。市民会館前ー対馬小路 S53.11（N35/2.8, KM）

■千鳥橋の手前で石堂川の橋を渡る。当時はまだ博多臨港線の線路が長浜にあった福岡市場貨物駅まで伸びており、奥に鉄橋の赤いガータがわずかに見える。倉庫が築港特有の雰囲気を演出している。この写真のように満潮時には水量はきわめて多い。筆者の好みのアングルではなかったが、撮っておいてよかった 1 枚である。博多築港前ー千鳥橋 S53.11（N50/2, KM）

千代町・
潟洲町界隈

■千代町交差点の北側。マンションなどが背後に建ったものの、この雰囲気はわずかではあるが現在でも味わうことができる。昭和36年までは吉塚駅構内と現在の福岡国際会議場付近にあった博多築港貨物駅を結んで国鉄の石炭車を牽引する貨物電車が走っており、線路幅の異なる築港線と線路を共用する三軌条の複軌間(Dual gauge)区間が存在した場所である。千鳥橋－千代町 S54.2 (N28/2, KM)

潟洲町（のちの福高前）の先で現在の国道3号線と交差し三笠川（石堂川）を鉄橋で渡って緑橋に到着します。かつてはすぐ南側に鹿児島本線が位置しており、次の電停は博多駅前でした。博多駅には小さいながらも明治42年に建てられたルネサンス様式の立派な駅舎があり、現在ならばこのまま保存されるべきものでしたが、昭和36年6月の鹿児島本線の門司港－久留米 間の電化を経て、昭和38年12月に約500m南に下がって新駅に移転することになりました。旧博多駅前は九州の一大玄関口としての華やかな賑わいを見せており、人の往来が絶えなかったというのは、同一場所である現在の祇園町からは想像しにくかもしれません。幼少の頃の記憶として、駅前のビルの上に電球の形の大きなネオンサインがあったこと、呉服町線の博多駅の電停の先が少し緑橋側に曲がった不自然な形で途切れていたことを覚えております。昔の絵葉書からかつては別会社であった循環線と交差していた頃の名残であることがわかりました。（旧）博多駅前から電車はそのまま直進しますが、鹿児島本線は左側に離れてゆきます。当時、博多まで一晩中乗ってきた夜行急行列車が発車してゆくのを見て大変名残惜しかったことを覚えております。電車は非常に狭い道路上を通って紡績化学工場（現在のキャナルシティ）の近くの管絃町、住吉宮前を経て柳橋に到着します。博多駅移転後は旧駅前の停留所は馬場新町（のちの祇園町）と改称し、その後半年余り遅れて新しい博多駅のある南方向へ新設の線路を分岐させて、博多駅移転後約1年までは住吉まで新旧の二つの路線が併用されていました。新しい博多駅方面へは道路も広く、電車も悠々と走っていて、柳橋までの間に人参町（のちの駅前四丁目）、住吉の各電停が設けられました。

■潟洲町（のちの福高前）には博多の街に残る唯一の造り酒屋、“石蔵酒造”がある。この建物は明治初期の建造で、現在もこの姿で盛業中である。博多の名所でもあり、見学はもとより内部で各種宴会等も行える。撮影の少し後には「初吉野」の看板に代わって杉玉が吊るされている。電車は旧3号線を走り、手前には現3号線との交差点がある。せっかく電車が来ても、ほとんど例外なく車が手前に写りこむため、この1枚の写真を撮影するのに3時間近く待ったことが思い出される。福高前－緑橋 S50.9（N35/2.8, KII）

■千代町交差点の南側から東に向かってかつて吉塚線が分岐していたが交通渋滞緩和のために昭和48年1月4日の運行を最後にほとんど注目されることなく廃止されている。筆者も筑豊での蒸気機関車の撮影の帰りには吉塚に到着するので何度かお世話になったが、行先は循環線を一周以上廻って貝塚に向かう16番の一系統のみで、乗換えなければ自宅に帰ることはできない不便な路線であった。写真ではまだ古い商店が連なっているが、現在ではその面影はまったくない。千代町－福高前 S53.9（N28/2, KM）

最後の鉄橋

— 緑橋 —

■かつて福岡市内線には柳橋や新博多（のちの千鳥橋）付近に電車専用の鉄橋が存在したが、いずれも道路併用軌道の新しい橋に架け替えられた。緑橋は旧博多駅の東側にあり、古風なセンターポールが唯一最後まで残っていた。川に下りて車体が輝く瞬間を捉えてみた。潟洲町－緑橋 S50.10（N35/2.8, KII）

■夏になると鉄橋のたもとの緑橋電停に夾竹桃の花が咲く。夾竹桃は開花時期が長く、暑い季節にあざやかな彩を添えてくれる。素朴なデザインのソースのホーロー看板や、車が誤って鉄橋を渡らないように立てられた矢印の標識が面白い。写真の手前左手から御供所の家並みを蓮池方面に抜ける路地の一角にはこの時点でまだ田んぼも残っていた。緑橋 S53.8（N200/4, KM）

■緑橋から鉄橋を渡ったところには昔なつかしい砂利の線路敷が残っていた。電車が来ると砂埃が舞い上がるので散水車を呼びたいところだがすでに廃車済である。この区間はわずか200mぐらいで国道3号線を渡り、潟洲町（福高前）を経て千代町に至る。潟洲町－緑橋 S50.4（N35/2.8, KII）

■緑橋の鉄橋の煉瓦橋脚を見る。水の色も濁って深く見え、なんとなく怖い感じだ。煉瓦を石で縁取りした優美なもので、鉄錆で汚れていなければさぞ美しい姿であろう。福高前－緑橋 S53.8（N28/2, KM）

■緑橋の電停には駄菓子屋があり、夏休みには終日子供たちで賑わっていた。電車は真横を通りすぎてゆくが、昔は家の並びに対してこの程度の短い距離をおいて線路が敷かれることが多く、まさに市内電車と人や店との密接した関係を象徴するものであった。市内電車廃止後、線路敷は道路の拡幅に吸収され、この店も現存しない。緑橋 S53.8（N200/4, KM）

博多駅・渡辺通一丁目

■博多駅に停車中の連接車 1012 号。昭和 32 年製で、1000 形特有の OK-10 型台車の構造が面白い。電停に建っている運行系統の表示に注目。系統番号板や方向幕の行先表示に使われている色は昔から一貫性があり、例えば博多駅は赤と関連付けられて表示されていた。現在、博多駅は九州新幹線の博多開業に伴う駅の大改築と新しい商業拠点としての整備が行われており、約 45 年間親しんだこの博多駅ビルもすでに見ることはできない。博多駅前 S50.10（N35/2.8, KII）

住吉を出た電車は中洲付近よりかなり狭くなった那珂川の橋を渡りますが、かつてはここも専用軌道で古い鉄橋を渡っていました。橋を渡るとすぐに柳橋の電停で、魚介類専門の店が軒を連ね博多の台所とも称される「柳橋連合市場」があります。昭和 40 年代の後半には向い側に清川のサンロード商店街も作られました。私が子供の頃は六本松から電車を頻繁に利用していましたが、渡辺通一丁目経由で天神方面に連れられて行くことが多く、たまに祖母が博多駅方面に行くときには、柳橋の鉄橋を渡るのがとても楽しみでした。昭和 30 年代の渡辺通一丁目の交差点は現在よりずっと狭いもので、とくに現在のホテル・ニューオータニのある東側は店の軒先に循環線の線路と安全地帯のない電停がありました。幼少の頃に南方向からやってきたトレーラーバスが一丁目の交差点で U ターンしていた姿を見た記憶が残っていますが、現在であればとんでもない話ですね。

■系統板がブランクなのは、朝のラッシュ時に通常の系統番号の経路に沿わない運行をしているのであろう。博多駅は昭和 38 年 12 月にこの場所に移転し、まわりの建物もそれ以降に整備されたので、現存するものが多い。博多駅前 S50.10（N35/2.8, KII）

■かつては軒先のすぐ前を通っていた渡辺通一丁目から二丁目にかけても、この頃まではまだその雰囲気が残っていた。やがて渡辺通一丁目交差点の北東の角にホテルニューオータニができて、道も拡幅された。渡辺通二丁目（旧称、渡辺通三丁目）には昭和45年12月に廃止された車庫と南電車営業所があったことなど知る由もない。写真の右方向に分岐していた城南線はこの写真の撮影時点ですでに廃止されており、電車はここから左方向に曲がって進路を東にとり博多駅方面へと向かう。宝石のように輝く町の明りは清川の商店街だ。渡辺通一丁目 S54.2（N400/5.6, ED）

■路面電車の車内に白熱灯が灯り、乗客の表情が浮かび上がる。電車はここから天神方向へ北に進み、さらに東に進路を変えて貝塚へと向かう。軌道の敷石がいかにも古めかしい。渡辺通一丁目 S54.2（N400/5.6, ED）

天神　市内電車のある風景（春）

渡辺通一丁目には近代的な電気ビルが建てられましたが、それより以前の昭和 30 年代は渡辺通三丁目（のちの渡辺通二丁目）を経て五丁目（のちの四丁目）に至る渡辺通りは非常に狭く、車が年ごとに増加する中で次第に交通のネックとなってゆきます。昭和 45 年まで渡辺通二丁目には現在の道幅に完全に吸収されるぐらいの小さな車庫があり、煉瓦の建屋や塀から開業時の古いものであることがわかりました。木造車がとくに多く集結していたように記憶しており、狭いせいか連接車が入っている姿は見た記憶がありません。渡辺通二丁目は車の往来の激しい狭い道路上にある電停で安全地帯などあるはずもなく、車に気をつけながら道路脇から乗り降りしていました。ここには車庫とともに南電車営業所があり、乗客が電車が降りたかと思えば、次いで運転士までもが降りてしまい、しばらく道路上に乗客を乗せたままの電車が交代の運転士がやってくるまで静かに待っていたのも良き思い出です。

■急行電車の西鉄福岡駅から渡辺通りの南方向を見下ろす。昭和 50 年に呉服町から天神地区に移転した大丸の建物が見える。昭和 51 年の天神地下街の完成とともに南側に発展していた時期であり、この付近の人出も多くなっていた。電車が他の交通機関とうまく調和しているように見え、廃止されてしまったのが残念でならない。低床式トラムが世界的規模で普及し、CO_2 排出が大問題となっている現在であれば廃止を免れ、欧米の例のように路面電車を中心に近郊域まで包括した形で、新たな公共交通ネットワークの一つとして発展していたかもしれない。渡辺通四丁目－天神 S53.5（N50/2, KM）

■渡辺通二丁目付近から天神方向を望遠レンズで見る。この頃の週末の昼間はまだこの程度の交通量であった。道路はかなり拡幅されたが昔から変わらない軌道の敷石に注目。画面左の信号機の下に大牟田線急行電車の西鉄福岡駅がわずかに見える。渡辺通二丁目－渡辺通四丁目 S53.5（N400/5.6, KM）

■天神交差点方向を急行電車の西鉄福岡駅から見下す。目の前にいる 20 番のバスは黄色い番号枠で識別される "電車代行バス" で、かつての城南線 20 番と同じコースを辿り、城西から九大前へと向かう。電車代行バスは電車と同様に早朝から深夜まで走るのを大きな特徴としていたが、現在ではバスそのもの運行時間帯の拡張により区別がなくなり、この語句もすでに聞くことはない。天神 S53.5（N105/2.5, KM）

■大牟田線の西鉄福岡駅を眺める。手前の地上部分には西鉄バスセンターがあり、他社のバスも含めて長距離バスが発着していた。市内路線バスにもようやく冷房車が導入され始めた頃であったが滅多に来るものではなく、筆者には国体道路上を走り始めた冷房車が来るまで１時間以上バス停で待った記憶がある。新造の冷房車に比して、やや遅れて現れた冷房化改造車は冷房の効きがいまひとつであった。渡辺通四丁目－天神 S53.9（N24/2.8, KM）

天神
市内電車のある風景（冬）

■正月や祝日には電車やバスが日の丸の旗を立てて走る。昔は一般家庭でも国旗掲揚を頻繁に行ったものであったが、いつしかこのような伝統的な日本の習慣がほとんど見られなくなったのは非常に残念である。天神 S54.1（N24/2.8, KM）

■天神を通る市内線の電車も南北方向の循環線のみになって、騒音の中に平面交差を渡る特徴的な音を聞くことはなくなってしまった。しかし電車は道路中央部を悠々と走っており、公共交通の王様のような存在に見えた。鋼材を黒っぽく塗った新しい架線柱はなかなか品の良いもので、近代化した街並みによくマッチしていた。冬場の太陽の光が当たり、福岡市内線最後の晴れ姿であった。天神 S53.12（N400/5.6, KM）

■成人の日の天神には多くの振袖姿の若い女性を見ることができる。しかしうまく電車と一緒に撮れるチャンスは意外に少なく、自然な表情を求めるとなるとさらに困難となる。天神 S54.1（N28/2, KM）

■電車の車内には昔ながらの白熱灯が暖かく輝く。光を散乱させるために乳白色の丸いカバーが取り付けられているのが一般的であったが、かつての日本の電車には白熱灯むき出しはもとより、拡散効果よりも明るさを優先した透明カバー付、さらに非点灯時には一見短い蛍光灯のように見える管電球がずらりと並ぶものなどが見られた。明るさこそ蛍光灯に及ばないが、雰囲気まで暖かくなるのは市内電車ならではである。天神－那の津口 S54.2（N24/2.8, ED）

夜景撮影

街中の夜は昼とはまったく異なった表情を見せます。夜間でも肉眼ではっきりと光景が見えるのですから、これを記録しない手はありません。しかし人間の眼は大変便利に出来ていて、真っ暗な部分を見るときには瞳が自動的に開き、逆に眩しい光などに対しては自動的に閉じ気味になり、夜景でも明暗差を緩和して捉えることができます。一方、写真では画面に入ってくる異なる明るさの対象物に対して１種類しか露光量を選ぶことができず、明るさのバランスという点で眼で見た印象と異なる写真に仕上げることは避けられません。さらに光の強さ、レンズの透過率、フィルムの感度のそれぞれに対して、波長（光を構成する要素となる色）のスペクトル分布（大小の分布状態の違い）が存在し、さらに人間の眼の感度分布にも同じ状況があるため、写真の色再現や各色の明暗のバランスに肉眼で見た印象からのずれを生じて、結果的に写真の世界でしか現れない色や明るさが存在します。これらを事前に緻密に予測することはかなり困難で、例えば蛍光灯下ではいくつかの特定の非常に狭い波長域で強い光を発しており、比較的低感度の日中用フィルムを使用してそのまま撮影すれば、緑色にカブった写真となることなどを予測できるに留まります。夜の撮影においても印象に忠実な写真を撮影するという目標はもちろんありますが、どちらかと言えば予期せぬ仕上がりの面白さを楽しむという感じです。露出の許容範囲が小さいカラーリバーサルフィルム（スライド用・印刷用）の場合、日中では＋－ 1/3 絞りぐらいの露出の精度を要求され、露出計の値を参考にしながら大部分は経験に基づいてシャッターと絞りを慎重に選びます。しかし夜間の撮影では上の理由により、目標とすべき仕上りが見えにくく、結果的に適当な露出でも明らかな失敗は少ないようです。

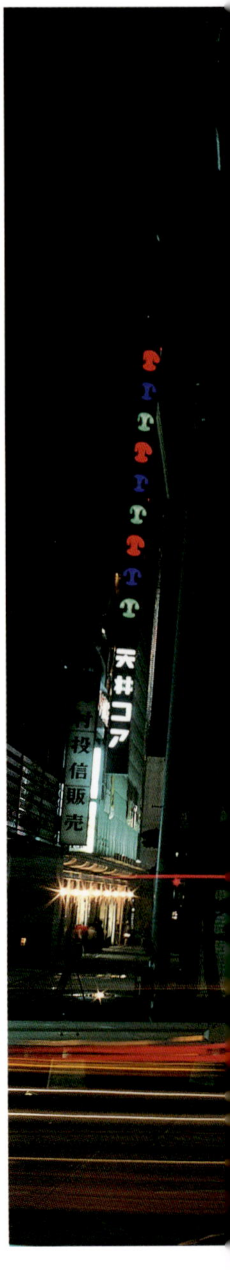

天神の夜

■福岡市内線も最後のクリスマスを迎えた。天神コアビルに設置されたクリスマスツリーのイルミネーションが輝く。当時の天神には街路樹のイルミネーションなどはまだなかった。今日はあいにくの冷たい雨だ。クリスマスの季節に雪が降ったことは、過去ほとんど記憶に無い。天神 S53.12（N28/2, ED）

■三脚を構えて長時間露光を行えば簡単にこのような写真が撮れるが、その間電車が停まり続けており、さらに手前に一旦停車する車がないことが成功の条件となる。斬新さこそ無い写真であるが肉眼では見えない世界である。これとは逆に、日食の撮影等を目的に作られた著しく光量を落とすフィルターなどを使用して若干の工夫を加え、昼間にごく少量の光で長時間露光をすれば、移動しないビルや一部の車のみが適正に露光される一方で、動くものはことごとく露出不足になるので写らない。この結果、昼間の天神から人やほとんどの車が消えるゴーストタウン状態となり、世にも不思議な写真を創ることができる。天神 S54.2（N24/2.8, KM）

天神　雨の夕暮れ

■雨の夕暮れの撮影は大変だが、雨が小降りになった瞬間は絶好のチャンスである。降っていた雨で路面が濡れ、日頃はどちらかといえば撮影の敵であった車が急に味方になり、ライトが路面に反射して美しい。この写真の撮影時から最大20分程度まで空がバランスの良い濃度となる時間帯であり、集中的に撮影を行いたいのだが、電車は思うようにはなかなか来てくれない。天神 S54.2（N24/2.8, ED）

■雨の日は傘が美しい彩りを演出してくれる。しかし夕暮れ時に電車とうまく入れることはかなり困難である。この写真は３色の傘が電車のヘッドライトに輝いた瞬間を捉えたものであるが、当時としては明るかった新設計の広角レンズの性能に限界も見える。天神 S54.2（N28/2, ED）

車窓からの夜景に何度もトライ

写真は晴れの順光で撮ると綺麗に写りますが、平凡かつ平面的になりがちで、さらに青空の色が狙った被写体の微妙な彩りを台無しにすることもよくあります。逆に雨の夜に写真を撮るなどと言えば、綺麗に写らないとか、フラッシュやストロボを使わないと撮れないなどと思われがちです。たしかに以前はフィルムの感度も低く、またレンズも絞り開放ではフィルム面上での解像力の低さに加えて、コントラストも低くて滲んだような描写になるものばかりでした。しかし雨の日暮れほど素晴らしい景色はなく、すべての光が地面に反射してとても美しい輝きを見せます。街の雰囲気はやはり広角レンズのほうが表現しやすく、感度ASA64～100のフィルムに対して、開放絞りF2.8、シャッター1/8秒で手持ち撮影という組み合わせをよく用います。↗

■大雨になると街の路面が明るく輝く。雨もまだ降り止まぬ中、電車が来るまでいかにレンズの前に水滴をつけずに待つかがシャープな写真を撮るための必須条件である。写真は空の濃度が丁度良い頃に電車がうまくやってきたところを狙ったものである。天神 S54.2（N24/2.8, ED）

↗これ以上の低速シャッターでは手ブレや被写体ブレが問題となり、光源の色も平均的に白く飛びがちになりますので、あたりがさらに暗くなってもこの露出のままです。F値で表示される絞り開放時のレンズの明るさも、あくまで光軸上の値で、広角レンズの画面周辺部ではこの 1/4 以下の露出になりますので、露出の厳密性を追及する必要はないようです。

電車の運転席の横に立ち、ピントを窓ガラスに合わせると、色とりどりの街中の光が拡大し、あたかも宝石をちりばめたように見えることがあります。雨の日に天神から北方向に出発する電車に乗り込み、手ブレを防ぐために昭和通り（通称“50米道路”）の手前で電車が信号待ちをすることに期待します。那の津口までの一停留所間のみ乗車しては元の天神電停まで雨の中を歩いて戻り、これを何回か繰り返しながら撮影チャンスを狙っていました。

■何度も運賃を払って次の電停まで乗車し、トライを繰り返すが、広角レンズを使用するとはいえ、動く電車から低速シャッターで撮影するのはかなり困難であった。帰りはもちろん雨の中を徒歩で戻ることになる。なんとか意図した写真が撮影できたが、すでに電車の廃止までの日数も簡単に数えられるほどの間際であった。天神－那の津口 S54.2（N24/2.8, ED）

貝塚線

貝塚から
網屋立筋へ

■貝塚のホームに並ぶ連接車。手前の複線の丁度延長線上に宮地岳線の線路があるが、軌間も異なり完全に分断されていた。貝塚には福岡市内線の東電車営業所があり、写真右側に分岐した線路の奥が貝塚車庫の入口であった。昭和29年より市内電車の乗入れのために西鉄多々良－西鉄博多間を標準軌に改軌し、これらの駅をそれぞれ競輪場前、新博多という名称に改めている（新博多は旧称が復活）。貝塚 S50.10（N35/2.8, KⅡ）

■貝塚－九大中門－箱崎松原間は九州大学箱崎キャンパスの塀に沿って走る。かつては線路敷きの左側が海で、宮地"嶽"線がここを通っていたのを改軌して市内電車を競輪場前（のちの貝塚）まで通した。"松原"という名称の電停にもかかわらず、線路の左側はすでに住宅地に変わっていて松の木は一本もなく、海側に国道３号線、そのさらに海側の埋立地に博多臨港線が走る。大学構内のみに残った松の木が電停の名称の生き証人だ。ちなみに現在この場所にある福岡市地下鉄の駅名は箱崎松原ではなく箱崎九大前とされている。九大中門－箱崎松原 S53.9（N200/4, KM）

■九大農学部の建物を背後に走る 200 形。キャンパスの反対側は鹿児島本線に面している。貝塚－九大中門 S50.10（N35/2.8, KII）

■箱崎松原－網屋立筋－箱崎浜にかけては民家の裏側を通りぬけてゆく。線路敷きはいわば裏庭のようで、ぎりぎりのところまで園芸が行われている。菊の花が夕方の日差しを受けて美しいが、撮影時にもう少し深度を稼ぐべきであった。箱崎松原－網屋立筋 S53.11（BN75/2.8, EPR）

貝塚線は千鳥橋から貝塚まで、少し距離を隔てながらも電車はほぼ国道３号線に沿って専用軌道上を走ります。金平（のちの馬出三丁目）、浜松町を経て、かつては水族館のあった箱崎浜で筥崎宮の参道を横断します。ここから網屋立筋にかけては漁村の集落があり、かつて３号線付近が海岸であったことを裏付けるものです。比較的最近まで浜松町付近の３号線の歩道の脇にはコンクリートの防波堤跡が残っていました。網屋立筋付近の踏切りでは線路を横断する人が絶え間なく、また線路敷が子供の遊び場になっていたようにも思われました。干し魚、アサリ貝、海苔、博多名物“おきゅうと”などの海産物を積んだリヤカー、石焼芋屋さん、黄色い帽子をかぶった幼稚園の園児たち、いつまで見ていても飽きることはありません。現在は馬出方向から筥崎宮の参道の下を斜めに横断してきた地下鉄が路面電車の線路跡の真下を通っていますが、線路跡が比較的落ち着いた生活道路になったのはせめてもの幸いでした。しかし社会情勢も変化し、小さな子供がこのような道路で遊べるような日々は過去のものとなりました。網屋立筋の次は箱崎松原ですが、海の方向を見ても松の木は一本もなく、マンションや住宅が密集しているのが見えるだけです。あらためてよく見ると九州大学の塀の内側に松の木が数多く残っており、このあたりが波打ち際に近かったことの生き証人となっています。ここから白衣を着た研究者が往来する九大中門を経て終点貝塚に到着します。かつては現在の貝塚公園の位置に競輪場があり、電停も競輪場前と称していました。貝塚では線路は３線に分岐して、市内電車は低いホームに入り、いかにも駅という感じでした。これは九大前や姪の浜でポツリと線路が途切れていた状況とは対照的でした。そして貝塚までの市内電車の複線のまさにその延長上に宮地岳線の複線があり、昭和 29 年３月に競輪場前（旧称、西鉄多々良、のちの貝塚）－新博多（旧称、西鉄博多、のちの千鳥橋）間で乗り入れの形態が宮地”嶽”線から福岡市内線に変更になったことを窺い知ることができました。貝塚は宮地岳線の起点になっており、路面電車の車庫の先には宮地岳線の多々良車庫もあります。

雪の夜明け
— 箱崎松原 —

■福岡市内で雪が積もる日は当時でも年に二回程度で、1月と3月の初めが多かったように記憶している。夜間冷えた次の日の朝は降雪をチェックするために早起しなければならない。路面に比べて専用軌道は少しの降雪でも雪が融けずに積もるので、眠い目を擦りながら予め降雪時の撮影ポイントとしてチェックしていた箱崎松原の電停に出向く。夕暮れ時と同じように空がブルーになる時間帯がまさにチャンスであるが、朝はこのような条件の時間が夕暮れ時よりも短いので狙いにくい。また目が暗闇に慣らされているので、少し明るくなったかと露出計で測ってみると、低輝度側でもほとんど針が触れないことはよくある。35mm の広角レンズを使用し、感度 ASA200 のエクタクロームフィルム、F5.6 で 1 秒というぎりぎりの条件だ。空の明るさが適切になっても早朝は電車が滅多に来ないのでやきもきしていると、運良く遠くからヘッドライトを白い線路敷きに輝かせながらやって来た。箱崎松原の手前で減速し始めると、いよいよチャンスとばかりに緊張する。しかしもう少しで停止というところで、なんと通過。1 秒では電車の輪郭は完全流れてしまう。乗降のお客さんが一人もいなかったのである。次の電車が来る頃には空は明るくなってしまい意図どおりの写真はすでに望めない。次の雪の日に再びトライだ。写真は電停に一人のお客さんがこの電車とは循環線を逆廻りする電車を待っていたときで、結局は乗車しなかったがほんの一瞬電車が停まった。ジィーカシャッとスローで 1 枚。すぐに動き出したので 2 枚目は撮れなかった。箱崎松原 S54.1（N35/2.8, ED）

■次の電車がやってくる頃にはすでに明るくなり過ぎていた。方向幕に灯った白熱電灯の光に赤文字で書かれた行き先表示が、冷たく青みがかった周りの景色の中で唯一温かく光る。この程度の雪であれば、通勤時間帯の終了時には完全に消えてしまう。九大中門ー箱崎松原 S54.1（N200/4, ED）

漁村の踏切

写真はすべて網屋立筋－箱崎浜にて撮影 S53.12（N400/5.6, KM）

■箱崎浜から網屋立筋方面を望遠レンズを用いて定点観察する。少し陽が傾き始めたやわらかい日差しの中で2時間ぐらい粘ってみた。当時の子供にとっては踏み切りであろうと線路敷であろうとすべての空間が遊び場であった。会話も踏み切りごしに行われる。最近では社会情勢も大きく変化し、このような光景は都市部ではほとんど見られなくなった。後ろに見えるのは保線員の方だろうか。

■貫線・城南線・呉服町線廃止後は電車が減ったとはいえ、長時間待っていると二台の電車が同時に画面に入ることもたまにある。方向板の部分に取り付けられた広告が文字になっている電車は絵になりにくいので撮影をパスし、地元醤油メーカーの赤い広告のついた電車か広告のついていない白表示の電車のみを撮影することにしていた。

■これは石焼き芋屋さん。ピーという音とともに住宅地をまわる姿は、かなり減ったとはいえ現在でも冬の風物詩である。昔は市場や商店街に行くと道路脇に屋台の焼き芋屋さんがかならず来ていて、屋台の天井から大小の芋がぶら下がっていた光景をよく見たものだ。焼き芋を子供のおやつにするという習慣も最近では聞かない。

■黄色い帽子をかぶった幼稚園児の集団帰宅の光景。すでに教育の効果が表れているように思える。

■電車に注意しながら急いで渡る。黄色いバッグは幼稚園のものだろうか。

■かつては一般家庭でもよく使われていたリヤカーだが、最近はあまり見なくなった。漁村の町では現在でもまだまだ現役で、これほど便利なものはない。

福岡市内線の成立ち（つづき）

（35ページより）一方、博多電気軌道は明治44年10月2日に博多駅前－取引所前（のちの市民会館／対馬小路 間）を天神町経由で開通させ、さらに同年 取引所前－幾世町（博多築港前）－豊平（千鳥橋／千代町 間）を延長しました。翌、明治45年には吉塚駅（吉塚駅前の東側、のちの三角付近）－（西門分岐点、千代町／福高前 間）－幾世町－博多築港の貨物線を市内電車の吉塚駅線と複合させる形で開通させています（幾世町－博多築港は貨物線のみ）。複合区間は複線の標準軌（1435mm）の各外側を使用する形で各1本の軌条を追加し、狭軌（3' 6"=1067mm）の複線を重ねて敷く方法が採られました。循環線の未開通区間である千代町（(西門分岐点)→西門）－博多駅前は九州水力電気時代の大正3年に開通しています。これより前、博多電気軌道は、明治43年より今宿－加布里を蒸気列車で開業した北筑軌道を合併し、同年東方向に今川橋（樋井川の西岸）まで延伸させていましたが、九州水力電気時代の大正11年に今川橋－姪ノ浜を電車線としてあらたに整備し、城南線開通までは他の電車線とは孤立した形で北筑線として運行されました。昭和2年には大濠公園で開催される東亜勧業大博覧会に合わせて城南線の渡辺通一丁目－西新町が九水の路線として開通しました。しかし東邦電力と九水の境界であった今川橋の約300mの区間は樋井川にかかる木橋を残して電車線が未開通のままで推移しており、九水が東邦電力に今川橋－西新町 間の権利譲渡の上、昭和7年になってようやく貫線の全区間開通が実現しました。旧北筑線は改軌・電化されても単線のままでスタートし、昭和19年時点で藤崎－姪ノ浜が単線で残り、以降は昭和50年の廃止時まで西庄（のちの室見橋）－姪ノ浜（姪の浜）が単線で終始しました。また全区間単線で開通した城南線も順次複線化されましたが、高等学校前（六本松／草ヶ江 間）－西新町が昭和5年以降も単線で残りました。両社の競争の跡は昭和9年の福博電車に統一後も残っていたと言われます。終戦直後になって、西新町での貫線の直通運転も開始され、昭和20年代の後半には天神町や千代町で双方の線路を結ぶ渡り線もできましたが、昭和20年代の二軸木造車だらけの城南線はもとより、昭和30年代前半まで城南線に木造ボギー車が多めに感じられたのもたしかです。昭和29年には、大正13年に開通した博多湾鉄道汽船の路線の一部を改軌して西鉄福岡市内線の乗入れを行い、新博多（のちの千鳥橋）－競輪場前（のちの貝塚）の新たな区間が加わりました。↗

定点撮影

網屋立筋を千鳥橋方面に向かう電車は右カーブを回り込んだのち、筥崎宮参道と交差する箱崎浜の電停まで一直線に走ります。民家の建込んだ軌道敷は踏み切りを横断する人々や軌道敷で遊ぶ子供たちの姿が当時の生活そのままの姿であり、しばしの時間の流れが一つのドラマを創っていました。箱崎浜の参道脇から望遠レンズを使用してこの様子を捉えてみました。左の写真をよく見れば貝塚行の電車が通り過ぎた後にリヤカーが踏切を渡ろうとしていることがわかります。おそらく警報機は鳴り続けており、別の電車が反対側から迫っているのを、リヤカーが直前で気付いて慌てて下がったと記憶しています。使用した望遠レンズの明るさは開放でもF11で、コダクロームⅡの感度がわずかASA25しかなく、順光でもシャッターは1/60秒しか切れません。ほとんど真正面から捉える電車の画面横方向の角速度が小さいとはいえ、カメラぶれなどを考慮するとぎりぎりの条件下での撮影でした。三脚はレンズ側を含めて2台使用しますので、他の機材と合わせると20kg近い重さを担いて市内電車で箱崎浜の参道脇まで撮影に来ました。

■箱崎浜から超望遠レンズで網屋立筋側を見ていると、遠くの被写体が圧縮されて肉眼とはまた別の世界が見える。丁度二台の電車がすれ違う幸運に恵まれたと思った瞬間、過ぎ去った電車の直後をリヤカーが踏み切りに入ってきた。危ない！と思わず叫んでしまったが、四百メートルぐらい離れているので聞こえるはずもない。電車が反対側から接近しているのに気付いて下がったときにはほっとしたものだった。鳴り続ける警報機の音を過ぎ去った電車に対するものと思い込んだことが原因であろう。網屋立筋－箱崎浜 S53.12（N1200/11, KM）

■これはまた別の瞬間であるが、リヤカーが二台も踏切を渡っている漁村ならではの光景である。背中におんぶされた小さな女の子、おじいさんを手伝ってリヤカーを引く男の子、散歩に連れ出された犬も写っており、まことに微笑ましい。感度25のコダクロームⅡを使用したので、開放F11では1/60秒のシャッターしか切れず、電車はなんとか停まるが、横断する人は角速度が大きいために左右にブレがちである。網屋立筋の電停の標識が見えるが、さらに良く見れば線路敷は便所の換気口だらけで、軌道敷がまさに家の裏側を通っていたことがよくわかる。夏の夜などに電車でここを通ると、開いた窓から心地よい涼風が入ってきたものだったが...。網屋立筋－箱崎浜 S53.12（N1200/11, KM）

↗また昭和38年12月の博多駅移転に伴い、昭和39年7月に開通した馬場新町（(旧)博多駅前）－博多駅前－住吉－（住吉分岐点）の“博多駅新線”が最後の新設路線となりました。

各線最終期の営業距離と運行終了年月は以下のとおりです。貫線（正式名は“貫通線”、九大前－姪の浜11.9km・昭和50年11月）、呉服町線（呉服町－祇園町0.8km・昭和50年11月）、城南線（渡辺通一丁目－西新5.0km・昭和50年11月）、循環線（千代町－祇園町－博多駅前－渡辺通一丁目－天神－千代町7.0km・昭和54年2月）、貝塚線（千鳥橋－貝塚3.3km・昭和54年2月）、吉塚線（千代町－吉塚駅前1.2km・昭和48年1月）、循環線旧線（馬場新町－管絃町－住吉宮前－（住吉分岐点）1.2km・昭和39年12月）、築港貨物線（国鉄吉塚駅－博多築港2.8kmの狭軌線・昭和36年2月）

花電車の運行

かつて路面電車があった街にはたいてい花電車が運行されていて市民に馴染みの深いものでした。明治 43 年 3 月の福博電気軌道開業の祝賀花電車に始まり、戦前は博多の街にも昭和 3 年 11 月の御大典記念奉祝花電車などが走りました。終戦後は昭和 22 年 5 月 3 日の新憲法施行を祝した花電車をはじめ、“博多どんたく”では電飾の中に“祖國再建”や“福岡復興”などを掲げて、昭和 20 年 6 月 19 日深夜の福岡大空襲からの復興の最中、市民の明るい希望を載せて走りました。以降、毎年博多どんたくの折には“どんたく花電車”の運行が行われるようになり、昭和 48 年秋のオイルショックの翌年には電飾が一時的に廃止されたこともありましたが、少なくとも晩年は“博多どんたく港まつり”とこどもの日の期間中の 5 月 2 日 ～5 日まで花電車が街を巡っていました。このような大々的な花電車の運行は当時でもほとんど福岡のみでしか見られなかったと聞きます。3 台 1 編隊で数多くの電球を灯しながら街中を走る姿は昼夜を問わず大変美しく、期間中多くの人出で賑わう天神交差点を最も頻繁に通るようにコースが組まれていました。また天神の渡り線を利用しての折返しもときどき行われていました。花電車がやってくると懐かしい童謡が遠くから聞こえてきて、大人も子供に負けないぐらい楽しんでいたように思います。最終期まで走った 3 台の花電車のルーツは明治 44 年製の古い二軸の電動客車で、製造は大川の若津にあった深川製作所（造船所）（20・21 号）および日本車輌（22 号）とされています。車輪間隔がわずか 1981mm（6.5’）の二軸車で台車は米国のブリル（Brill）社で製造されました。車体長は電動客車時代から変化しておらず 8077mm（26.5’）であり、軸距が車体長の 1/3 以下で車体のオーバーハングがかなり大きいために、天神のクロス部分を渡るときの振動で前後に車体が大きく振れる姿をよく見ました。昭和 20 年代まで乗客を乗せて福岡の街を走った二軸電車の乗り心地がどのようなものであったかを想像できます。花電車は毎年 5 月初めのみの運行でしたが、貫線・城南線・呉服町線廃止直前の昭和 50 年 10 月末から 11 月 1 日の最終日にかけて、お別れのメッセージとともに最後の花電車が走り、多くの市民に見送られてゆきました。この後、3 台の花電車は鹿児島や長崎に移籍し、福岡市内線の残存区間に二度と花電車が走ることはありませんでした。“どんたく花電車”への市民の愛着は花自動車となって引き継がれ、今日では 2 編隊 6 台となって、かつて線路が敷かれていなかったエリアへも巡回できるようになりましたが、たまたま花自動車に出会ったときにはかつての花電車の姿が重なって見えます。

花電車

昭和 50 年 5 月
博多どんたく　— 天神 —

■新幹線開通を祝った花電車が天神に到着する。山陽新幹線は「ひかりは西へ」のキャッチフレーズのもと、岡山まで開業の後に昭和 50 年 3 月には一挙に博多まで延伸した。航空機がまだ一般的でなかった頃に関西・関東方面への移動が飛躍的に便利になった。一方、筑豊炭田を縦横に走っていた蒸気機関車の活躍も終焉を迎え、花電車の先頭車のデコレーションには“デゴイチ”の愛称で親しまれた D51 型が選ばれた。この機関車の製造両数は最も多く、日本各地で見られたが、筑豊とはあまり縁は深くなかった。天神 S50.5（N35/2.8, KⅡ）

■天神の岩田屋百貨店をバックに城南線から貫線呉服町方面へ渡ってゆく花電車。昭和 50 年 5 月の「博多どんたく港まつり」期間中の一コマである。博多どんたくはゴールデンウィーク中、全国でも最大の人出があり、現在でもこの状況は変わらない。建物のコーナー部分に示されている「西鉄特急電車」のネオンサインは大変懐かしく”急行電車“と書かれていた時代もあり、筆者はずっとこれを見て育った。市内の路線バスもまだ旧色ばかりである。天神 S50.5（BN75/2.8, R100）

岩田屋百貨店を背後に

写真はすべて天神にて撮影 S50.5（N35/2.8, KⅡ）

百貨店の思い出

かつて日本の地方都市には地元の有力百貨店が必ずあったものです。他の都市に住む人がその名称を聞けば非常にローカルな？雰囲気を感じるものですが、地元の人にとっては幼少の頃から親しんできた愛着のある名称です。最近では車の普及により、若い世代を中心に郊外のショッピングセンターに出向く傾向がありますが、地元の百貨店も幅広い層から大きな信頼を得て頑張っています。↗

■夕方、少し薄暗くなると花電車が一層輝きを増してくる。天神交差点を渡辺通りから貫線の中洲方面へ曲がる花電車の定番コースは最も多くの人々に注目される。

■花電車の後部にも運行担当の職員の方が待機する。

↗戦後大きな発展を遂げた天神地区には岩田屋という老舗百貨店があり、天神交差点の南西の一角を占めていました。百貨店の南側には大牟田線の急行電車の駅があり、当初は地上駅でしたが、昭和 36 年 11 月には百貨店の二階フロアに通じる高架駅となり、久留米やかつては三井三池炭鉱で栄えた大牟田方面から多くのお客さんを集めていました。市内電車が貫線を走っていた頃までは、岩田屋百貨店の建物は昭和 11 年以来のクラシックな外装の風格のあるもので、天神交差点を行き交う人々に“天神の風景”を久しく見せていました。また丸みを帯びたコーナー部分には従来より伝統的に縦長で大きな“急行電車”の宣伝が掲げられ、戦後徐々に短縮されていった所要時間が示されていました。さらに当時流行の電光掲示板も東側面の上部に設けられ、市内電車やバスを待つ人々が見入っていました。やがてこの建物も外装が更新され、また時代が変わって百貨店そのものが新店舗となって長年親しまれた天神交差点の角からやや奥まったところに移ってしまいました。私が子供の時代は百貨店に連れられて行くことは大きな楽しみであり、当時は非常に充実していた玩具売場に行ったり、屋上の小さな遊園地で遊んだことを一生忘れることはありません。

■先頭車は「SLと新幹線」で蒸気機関車はD51である。赤の丸い飾りは機関車の動輪を意味するのだろうか？筆者には大宰府名物の梅ヶ枝餅か炭砿の町 直方の成金饅頭の焼き模様にしか見えない。

■二台目は「おもちゃのマーチ」である。真っ白なボディに赤・ピンク・オレンジの配色は実に綺麗だ。

■三台目は「いなばの白兎」である。上部の茶色い塊りはガマの穂であり、かつてはよく河川敷で見られた。

■貫線の東車庫前から千代町方面にかけては東公園の脇の専用軌道上を走る。現在は福岡県庁が写真の右側に大きく構え、さらに線路敷きも新しくできた広い道路に吸収されたので、当時の面影はまったくない。花電車もこの区間では速度を上げて、先導車が先回りして待機する東公園の入口に急ぐ。大学病院前－千代町 S49.5（N50/2, TX）

■貝塚線の九大中門から貝塚方面を見る。学生や研究者が乗降りする電停も昼間に花電車が通るとあって、近所の子供たちで一杯だ。三台の花電車の順番こそ変わらないが、いずれの車輌も向きが通常とは逆になっている。このフィルムは新しい処理に切り替わる直前の業務用エクタクロームフィルムで、褪色が著しい。しかしそれもかえって古色を醸し出しているようにも思えるのはカラーならではのことである。九大中門 S50.5（BN75/2.8, EP）

筥崎宮の参道にて

■夕暮れの筥崎宮の参道を渡る花電車。一台目はこの年に一挙に岡山から博多まで延伸された山陽新幹線の開通を祝す一方で、長年活躍してきた蒸気機関車への別れを告げる「SLと新幹線」である。二人の交通巡視員が良いアクセントとなっている。写っている人々それぞれの姿も面白い。200mmレンズを用いて浜側の鳥居を近づけてみた。

■お二人がカメラを構えている筆者に気付いて振り返ると、まさに花電車が通過中であった。貝塚線にも丁度300形が見える。二台目の「おもちゃのマーチ」は見方によっては戦車が載っているように見えないこともないが、円筒状のものは明らかにヨーロッパの古城のイメージである。

写真はすべて箱崎にて撮影
S50.5（N200/4, KII）

■三台目は「いなばの白兎」に登場する動物や魚類が装飾されている。

馬出《まいだし》通過

写真はすべて馬出にて撮影 S50.5（BN75/2.8, EP）

■馬出電停付近から東車庫方面を見ていると、民家の間から花電車が現れた。この付近の住民にとっては線路敷きも裏庭のようなものである。

■花電車が通り過ぎるわずかな間も子供の様子は常に変化している。じっと落ちついて見ていないのは昔も今も同じだ。もう少し左まで画面に入れたかったが、6 × 6 判カメラを三脚にしっかり固定したのが失敗の要因。

■二台目も通過してゆく。白と赤系の色のコントラストが美しい装飾であった。花電車に見入る小さな子供の姿がとても可愛い。

■この区間の開通は明治期に遡り、その歴史を感じさせる雰囲気である、架線柱はどれも単なる H 型鋼だ。

フィルムの変色

昭和 50 年頃まで使用したコダックのエクタクローム・プロフェッショナル（EP、実効感度 ASA50・64・80）は一般用エクタクローム（EX、公称感度 ASA64）よりも色も鮮やかでコントラストも良く、現在のフィルムの業務用と一般用の差以上のものがありました。しかし皮肉なことに、経時による変色も一般用より著しく、すでに赤紫色に変色しています。これは単に補色の緑色のフィルターをかけて補正できるという単純なものではありませんが、デジタル化の上で細めに補正すれば復元可能な範囲です。一方、最近になってとくに国産の白黒フィルムを中心に樹脂ベースが加水分解により変質・収縮する“ビネガーシンドローム”という現象があちこちで深刻化しており、こちらもデジタル化を急がなければなりません。

専用軌道を走る

晩年の福岡市内線の路線で道路上に軌道が敷かれた“併用軌道”ではなく、“専用軌道”となっていた区間は鉄橋のある緑橋付近を除くと、貫線の千代町～箱崎、貝塚線の千鳥橋（旧称、新博多）～貝塚（旧称、競輪場前）でした。この区間では電車はスピードを上げて飛ばしますが、貫線の馬出（まいだし）の前後には明治時代に開業した頃の様子を想像させるような急カーブがあり、クランク状に曲がってゆきます。貫線の廃止後は、同じルートを翌日から電車代行バスが走るのですが、千代町～箱崎 間は電車の線路に忠実に沿った広い道路がなく、軌道敷をそのまま西鉄バス専用道路にするという措置が採られました。このため電車廃止に先立って専用軌道部分が道路との併用軌道となるように廃線直前に舗装が行われました。この結果、線路がそのまま残る舗装道路上をバスが走り出しましたが、軌条が露出していてはとくに雨の日などスリップの原因になるので、一旦軌条をアスファルト舗装で覆っていました。この対策は道路との併用軌道の場合も同じでしたが、しばらく使っていると部分的に軌条が露出してきて、とくに一般の車のドライバーにはその認識がなく非常に危険であるため、最終的には一旦埋めた軌条を丹念に掘り起こして完全に撤去する措置が採られました。

路面電車に代わって走り出した電車代行バスの特徴は、当時のバスではまだ実現されていなかった早朝から深夜までの運行で、基本的に電車と同じ頃に初発と終発が設定されていたこと、電車と同じ運行ルートと系統番号を持ち、他のバスとの区別をつけるために方向幕の系統番号が黄色い丸の中に書かれていたことなどが挙げられます。一部ですでに塗替えが始まっていた白地にピンク帯の新塗装をまとい、屋根前部に突出た大型方向幕が特長の大型バスが新造されましたが、旧色のバスも代行バスとして数多く使用されていました。電車廃止翌日、朝のラッシュ時には乗客の混乱を回避するために職員総出で各バス停の整理にあたっていました。

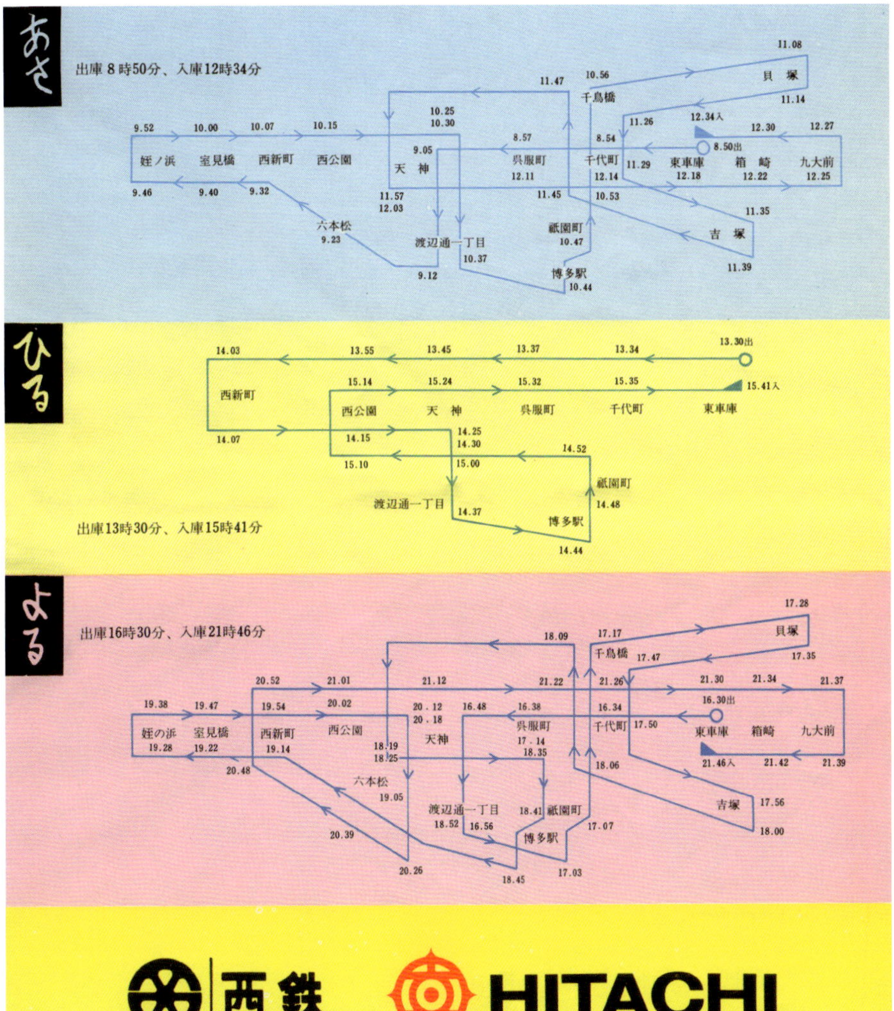

■「どんたく」で賑わう街頭で配布された花電車の通過時刻を知らせるチラシ。吉塚線にも花電車が入っているので昭和46年あるいは昭和47年5月のものであろう。朝・昼・夜の3回の運行が記載されている。最終年となった昭和50年は、博多どんたく・お別れ運転時のいずれも昼・夜の2回のみ運行されたことを別資料により確認している。筆者はこの情報をもとに入念な撮影計画を立てて臨んだが、花電車と一緒に写る車や人の様子は絶えず変化しており、なかなか思うように撮影が進まなかった。今あらためてこの通過時刻表を見ると、姪の浜や九大前で地元住民に見守れながら1台ずつ折り返してゆくシーンを陽のあるうちに撮っておくべきであったと後悔するが、すべては遠い過去の世界に消えてしまった。（筆者保存資料より掲載）

東中洲の賑わい

川端町から東中州にかけての貫線沿いはかつて博多で最も賑やかな繁華街でした。昭和40年代まではまだ人通りも多かったのですが、徐々に天神地区に中心が移ってゆきました。貫線を境に南側は川端通り商店街のある上川端町、北側（海側）はかつて寿通りのあった下川端町と別れています。現在、上川端町側は紡績工場跡地にキャナルシティができて、明治通り（旧、貫線）との間を川端通商店街で結んでいるのに対し、下川端町側はその大半が博多リバレインに吸収されてしまい、昭和30年代は人通りが絶えなかった昔日の面影は完全に消えてしまいました。
一方、中洲の歓楽街はかつての賑わいを維持しており、夜ともなれば本通りから路地に至まで多くの人出があるのは現在も同じです。かつて中洲には街の賑やかさを象徴する映画館が何軒もあり、多くの市民が封切りしたばかりの映画を楽しんでいました。

この写真は昭和50年5月5日、どんたく花電車運行の最終日である子供の日に東中洲電停を通過する様子を中洲西大橋から望遠レンズで撮影したものですが、どんたくが前日で終わっているものの多くの人出で賑わっており、この当時でも昔の光景が蘇ったように思えたものでした。最近、この写真の撮影で使用したのと同じカメラとレンズを用いて同アングルで花自動車を撮影しましたが、まったく異なった写真になりました。現在は街路樹が茂っていることも一因ですが、背後の建物の中で明らかに同一と確認できたのは一つのビル（花電車の真上の四角いビル）だけでした。

花電車
東中州通過

■中洲西大橋上の東端から東中洲・川端町方面を見ると、手前がカーブになっているので一直線に東公園の入口まで望むことができる。橋の上はやや高くなっており、撮影しやすい場所であった。夕方で光量が少なく、しかも感度わずかASA25のコダクロームIIで200mmの望遠を使うとなれば、開放絞りのF4で1/60秒が精一杯となる。歩道脇に三脚をセットし、遠くから手前に来るまで満足のゆくまで何枚かを撮影したが、東中洲電停で丁度すれ違った連接車（竣工当初は“関節車”と呼ばれていた）が雰囲気を盛り上げてくれた。3台の花電車とも運転士の姿が写っている。一昨年は“どんたく隊”のパレードがこの“明治通り”を通る折に、当時の機材を用いて6台の花自動車編隊の撮影に臨んだが、街路樹が繁っていて大きく印象が異なるものであった。この写真を実際に持参して比較してみたが、現存しているのを確認できたのは花電車の真上に聳える一つのビルのみであった。この写真では多くの人出で賑わう当時の中洲界隈の雰囲気が比較的うまく再現できたように思う。撮影は博多どんたくの終了直後のこどもの日の夕方であり、当時の花電車は5月2日～5日まで運行されていた。現在の5月5日は街中には花自動車は走らず、香椎花園での展示となっているようだ。東中洲 S50.5（N200/4, KII）

花電車　停車中

■室見橋以西の単線区間では花電車と言えどもタブレットが必要である。続行運転の場合、タブレットは最後部の花電車に手渡される。当時、室見橋電停の周囲にはまだ多くの商店が見られた。室見橋 S50.10（N35/2.8, KⅡ）

■天神の貫線側電停で注目を浴びる花電車。お孫さんは眠たくてあまり関心がないように見える。カラー写真では再現しにくい明暗差が大きすぎるアングルだ。左手前の建物が西鉄本社のフロアがある福岡ビルである。天神 S50.5（N35/2.8, KⅡ）

■鹿児島本線電化後の昭和 38 年 12 月に現在の祇園町からこの場所に移転して以来、長らく福岡の玄関口として慣れ親しんできたこの博多駅の姿もすでに見ることはできない。駅ビルには井筒屋百貨店があった。以前はコンコースが広かったが、近年は数多くの売店などの設置により非常に狭くなっていた。正面側の博多口には“酒は飲め飲め...”の歌い出しで有名な黒田節の銅像がある。祇園町－博多駅前 S50.5（N105/2.5, KⅡ）

博多駅前にて

博多駅の思い出

昭和 30 年代一杯までは夏休み期間中に国鉄の長距離列車の指定券や寝台券を確保するのは大変なことでした。現在のようにインターネットで簡単に予約できるのとはほど遠く、コンピューター導入によるマルス（MARS）システムでの発券が全国的に普及するようになったのも実質的には昭和 40 年代に入ってからで、それまでは指定席管理センターに駅が電話で問い合わせて、回転テーブル上に列車ごとに用意された台帳を手でチェックしてゆくという方法が採られていました。当時は関西方面へ寝台急行が九州各地の主要都市から数多く走っていましたが、寝台券を入手するのはとくに大変で、一週間前の明け方から並んで、博多駅の割り当て？枚数の枠の中に入ろうというものでした。早朝とはいえ夏場のコンコースは非常にむし暑く、じっと堪えながら係員が二人一組で希望調査に来るのを待っていました。切符がとれるかどうかはこの時点で係員の経験によりおおむね判明していたようです。当時はパソコンなどはなく、何十枚もの模造紙に列車別の情報や案内が一覧形式で丁寧に手書きされており、統一された美しい文字やカラムごとに美しく色分けされた表はまさに芸術作品とでも言うべきもので、非常に鮮明な記憶として残っています。もう一度あらためて拝見したいのですが残念ながら叶いません。

昭和 40 年代の後半、例に漏れず蒸気機関車を追い求めて各地に出掛けたものですが、博多駅まで市内電車をいつも利用していました。昭和 46 年の暑い夏の 2 ヶ月間、ほとんど毎週末に松浦線に通ったことが思い出されます。このときは最終電車で博多駅まで行き、佐世保線・大村線経由で長崎行の夜行普通列車 1421 レ（のちの“ながさき”号）の出発時刻までの約 1 時間を博多駅で蒸し暑さに耐えながら過ごしたことが忘れられません。

■長い時間ずっと待っていて、やっと来たかと思えば、運悪く1台のみが先に橋を渡ってしまった。また今夜も三台揃わないという諦めが先行する。

■予期せぬことに徐々に速度が落ちてきた。背後のバスが照らし出される。まさか橋の袂の滅多に赤にならない信号に停まるのだろうか？ にわかに期待が高まる。

中洲西大橋を渡る花電車

写真はすべて東中洲－県庁前にて撮影 S50.5（N105/2.5, KII）

■3台が綺麗に並んだ。ついに悲願が達成した瞬間。橋の上で花電車を見ている人々もシルエットで浮かぶ。

■後続の二台が追いついてきて大チャンスが到来！必ず等間隔に並ぶ一瞬があるはずだ。

■もう少しの辛抱。“リプトン紅茶” の黄色も点灯中。このまま消えないでと祈る。

三台揃わない花電車

花電車が最も美しいのはやはり夜で、花電車がやって来ると最初に遠くの建物が明るく輝いているのが見えます。やがて童謡の調べとともに燃えるような明るい光の塊が１つずつ見え始めます。毎年のことですが、いつ見ても感激的な光景でした。さて花電車の運行案内はチラシの形で配布され、ルートと時刻を見ながらどこで撮影するかの作戦を事前に練っていました。夜は迷いなくネオンをバックに中洲西大橋を渡る姿を捉えようと、運行期間の４日間とも毎晩通ったものでした。しかし花電車が揃って橋を渡ることはきわめて稀で、３台が綺麗に並ぶまで何度も挑戦する必要がありました。例年、博多東急ホテルの 50 米道路（昭和通）側で川面が綺麗に入る場所にカメラを構えて、一晩あたり２回の通過に期待をかけていました。しかしネオンの点灯はそれぞれ異なる周期で繰り返され、うまく点灯状態が揃って非常に美しい瞬間もあれば、その逆の場合もあります。黄色のネオンは彩りを演出する上で貴重な存在でありながら“リプトン紅茶” の左右のラインにしか見出すことができません。このような状況の下、花電車側とネオン側の両方の条件が揃うか否かが成功の判断基準でした。撮影は夜間での粒子荒れが目立ちやすいため、低感度ながらも ASA25 のコダクローム II で行い、105mm の長焦点レンズを用いてネオンを明るく写すことと、花電車が流れないという二つの相反する条件をバランスさせて 1/60 秒、開放絞り F2.8 を設定するのがやっとでした。幸い使用した新設計のニッコールレンズの性能が抜群に良く、比較的シャープな写真を撮ることができました。西中洲大橋を通過後、花電車は貫線を直進して九大前を折り返し、呉服町線から博多駅、天神を回って再びやってまいりますが、同じ場所で写真を撮影しているファンの方が何人もいて、撮影談義に花を咲かせながら１時間余りの待ち時間を楽しく過ごすことができました。お一人だけ新聞社のカメラマンと思しき方が後方に座っておられて、カタログ上でしか見たことの無かった 250 枚撮りマガジンをつけた重装備のモータードライブカメラを使用し、花電車が来る間際に立ち上がって手持ちで非常に多くのコマを撮られているようでした。私にとってこの上なく楽しい写真撮影も職業ともなるとこれだけに専念するわけにはゆかないのでしょうか、最小限の労力で臨むというのが理解できるようで理解できなかったことが思い出されます。

■３台が少し左に偏った。“フジジンしょうゆ” が綺麗に点灯している。この写真もなかなか条件が揃っている。

■もうすでにシャッターチャンスは過ぎてしまった。“VO プラザ” の緑色は消えた。大満足で撮影終了となった。

■東車庫前の電停から工場を覗くと、丁度花電車の製作中であった。まだベニヤ板製のベースのみの完成だが、なんと花電車の上にクラッシクな電車のイミテーションが載っている。手前は庫内の移動機として使用された電車で、花電車と同じ米国ブリル（Brill）社の古い二軸台車を履く。東車庫 S50.10（N200/4, KII）

昭和50年10月　最後の花電車

■最晩年の花電車は昼の部と夜の部の二回にわたり運行されていた。東車庫前で電車を待つ人々も製作開始時から花電車の完成の様子を毎日楽しみに覗いていた。写真は出庫直前の様子で、先導車である西鉄のパトロールカーが手前に待機しているのがわかる。東車庫前 S50.10（N200/4, KII）

晩年の花電車の運行は5月の「博多どんたく港まつり」の時期に限定されていました。ちなみに“どんたく”とはオランダ語で日曜日という意味のZondag（ゾンターク）に由来しているそうです。たしかにドイツ語でも同じような発音でSonntagです。昭和50年秋の福岡市内線の第一次廃止とともに花電車も運行も取りやめることになるため、長い間の市民の愛顧に応える形で、最後のプレゼントとして突然花電車の運行がアナウンスされました。どんたくも終わっており撮影の機会はすでにないものと思っておりましたので、夏頃から行ってきた撮影を大いに加速かつ盛り上げる結果となりました。最後の晴れ姿を撮影するために、最終日（昭和50年11月1日（月））の直前の週末などは何度も自宅に帰って小休憩をしてはまたすぐに出直すなど、早朝から夜遅くまで撮影したことが思い出されます。循環線と貝塚線はしばらく残ることになるので、花電車が再び走ることへの期待は持ち続けておりましたが、翌年のどんたくからは「花バス（花自動車）」の運行が始まりました。これは親しみのあるバスではなく、どちらかというとトラックに花電車と類似の電飾を施したような感じでしたので、当時は見るたびに花電車への想いが募る一方でした。しかし元々線路が敷かれていなかった地区へも巡回できるという新たな楽しみも生じ、市民の心にすっかり定着して今日に至っております。

■花電車の製作も最終段階に入る。乗務員の方々も大勢見守る中で点灯のテストが行われていた。手前の段ボール箱はすべてクリアの白熱電球が入っていたものだ。取り替えられた電球も見える。花電車の運行途中で雨が降り出すと点灯や運行は中止するとのアナウンスがなされていた。博多どんたく期間中に雨が降ることは結構多い。東車庫 S50.10（N35/2.8, KII）

■博多駅前に停車する花電車。道路を隔てたところからも多くの人が見ている。現在ならば手に手に携帯カメラやデジカメを構えて撮影するところだ。手前は西鉄パトロールカーで「花電車先導車」と明記され、路面区間はほとんど花電車の先頭に立って走る。博多駅前 S50.11（N35/2.8, KII）

花電車撮影の名案

道路脇から電車を撮影する場合、失敗の大半の原因は手前に入ってくる車で電車が隠れてしまうことです。カラー撮影では費用がかかりますので、このような状況は極力避けるためには、電停の安全地帯からの撮影や専用軌道の脇での撮影になりがちです。これらは斜め正面からのアングルになることが多く、たまには走行中の電車を真正面から撮ってみたくなります。しかし街の中心からはずれた専用軌道で望遠レンズを駆使したところで到底花電車の雰囲気が出るはずもありません。そこで考え出したのが、花電車の直前に走る電車に乗り込み、後の窓から追ってくる花電車を真正面から撮影する方法です。望遠レンズを使用することが多く、感度 ASA25 のフィルムでは振動のある車内から手持ちで撮影するのは手ブレとの戦いでしたが、案外うまくゆきました。しかし渡辺通一丁目などでは、運悪く後続の花電車が交差点の信号に間に合わず、自分が乗っている電車と花電車との間に新たに電車が入ってくることもありました。このようなときには運賃を払って即座に電車を降り、後続の電車に乗り換えて撮影を続行することになります。

走行中の花電車を 正面から撮る

■渡辺通一丁目で運悪く天神方向から電車が花電車の手前に入ってきたので慌てて運賃を払って一旦下車し、後の電車に乗り換える。すれ違う電車の窓に映る花電車の電球が美しい。車内には窓を開けて花電車を見ようとする人もいる。渡辺通一丁目 S50.11（N35/2.8, KⅡ）

直前の電車ら望遠レンで花電車の頭を捉え。電車の窓やや高い位からの撮なので、先車が入らなように撮るとができた、揺れる車からの撮影手振れとのいであった。偶然に、当時すで珍しくなっいたオート輪車がうま並んで、写を引き立てくれた。駅四丁目一吉 S50.11 N200/4, K）

■城南線の六本松を通過する。花電車をバックに家族の記念写真を撮っている姿が写っているが、この瞬間を見ると、花電車の１台目が適度に入っておれば、なかなか良い写真が撮れたのではないだろうか。写された写真をあらためて見てみたい気がする。六本松 S50.11（N200/4, KⅡ）

花電車
最後の晴れ姿

■学生の街、
南線の六本松
通過する。
在は大学キ
ンパス移転で
きく変貌を遂
ようとして
り、すでにこ
頃の賑やか
は見られない
六本松 S50.1
（N200/4, KII

■室見橋に到着した最後の花電車。一台目は「開業当時の市内電車」。二台目は「博多のまつり」で、博多弁で短い笑い話などを聞かせる伝統的庶民芸能の“はかたにわか”の面を再現したものだ。三台目は「象のオフクチャン」と称していた。室見橋から先の姪の浜にかけては単線区間なのでタブレットが戻ってくるまでしばらく停車する。室見橋 S50.11（N35/2.8, KII）

■城南線経由で西新に到着した花電車。三叉路でもともと交通量も多く、また買い物客で賑わっているので、花電車を貫線に誘導するのが大変な様子であった。西新 S50.11（N105/2.5, KⅡ）

■大きな赤ちゃんを背中に花電車にカメラを向ける主婦。子供が大きくなったときに見せるためであろうか。赤ちゃんはまったく花電車に関心を寄せていなかった様子が記憶に残る。室見橋 S50.10（N35/2.8, KⅡ）

■夕刻に西中洲大橋を渡り、天神方面へのＳカーブを通過する花電車。200mm の望遠レンズを使用し、3 台目が画面にうまく入ってくるまで待っていたが、3 台の間隔が予想よりも開いていて 1 台目がピント位置を過ぎてしまった。アングルを慌てて右に振ったため画面のブレも目立つ。感度 ASA25 では被写界深度が稼げず、3 台のすべてを再現するにはこのあたりが一つの限界であった。県庁前 S50.11（N200/4, KⅡ）

■花電車の運行に携わる職員の方々は、あらゆる点で神経を使うことが多いにもかかわらず、いつも笑顔で接してくれた。市民の大きな期待に応えて、花電車の運転に職員の方々も誇りと喜びをもって臨まれていたように感じられた。花電車の後部にも運転や技術担当の方々が乗務していた。天神 S50.11（N35/2.8, KⅡ）

花電車を運転する

花電車は毎日同じコースで最晩年は昼の部と夜の部の二回のみが運行され、人出で賑わう福岡一の繁華街である天神では頻繁に花電車が通るようにスケジュールが組まれていました。また終点の九大前や姪の浜のほかに、たまに天神でも花電車の方向転換が行われ、貫線側の渡り線で３台の花電車が２列に並ぶこともありました。このときは長時間花電車を楽しむことができる絶好の機会で、多くの市民が花電車を取り囲みビルの谷間一帯が大いに盛り上っていました。

■ 300 m先のＳカーブで撮影した後に、花電車とともに走ってくれば天神で追いつくことができた。後続の電車が来ないと青信号でも出発しないことがよくあった。電車を待つ乗客にとっては目の前の花電車は最高のプレゼントとなる。季節は 11 月に入ったが、無数の電球を前にすると結構熱気が伝わってくる。天神 S50.11（N35/2.8, KⅡ）

■天神では到着した花電車にみんなが注目していた。シルエットながらそれぞれの表情が伝わってくるようだ。天神 S50.10（N35/2.8, KⅡ）

花電車を囲む

■夜の花電車が天神を廻るのも二周目となり、昼間の賑いが嘘のように見送る人も疎になった。電停の乗客の姿もなんとなく寂しげである。天神 S50.10（N35/2.8, KⅡ）

近くの電停まで見に行った頃

私が幼少期を過ごした昭和 30 年代の前半は社会の至るところにまだ敗戦の影響を色濃く残しており、市民の楽しみも現在とは比較にならないほど限られたものでした。そのような中で博多どんたくの花電車に対する市民の関心は高く、最寄の電停付近まで花電車をよく見に行ったものです。片道 10 分も歩いて 20 分ぐらい待ち、ほんの 2、3 分の見物でしたが、みんな口々に「綺麗やったね！」と満足して帰ってゆきました。また見物に行かないときも、童謡の調べが遠くに聞こえると、線路に面した木立の輝きがゆっくり動いてゆくのを熱い視線で追いかけたものでした。

■室見橋では花電車の到着を楽しみにしていた近所の子供たちが一斉に集まる。ここでは停車時間も長く、花電車の美しさや楽しさを十分に満喫できた場所の一つであった。室見橋 S50.10（N50/2, KⅡ）

■室見橋から先の単線区間に入る花電車に赤いタブレットが手渡させるといよいよ出発だ。しかし赤いタブレットでは室見川の橋を渡ってすぐの愛宕下までしか行けず、そこから順に白と黄色のタブレットを対向の電車から受取ってゆかなければ姪の浜まで到達できない。タブレットは三台目の花電車のみに渡され、次の愛宕下で白のタブレットを持ってくる対向の電車に渡さなければならない。三台目のピンクの花電車は「象のオフクチャン」と称していた。室見橋 S50.10（N35/2.8, KⅡ）

■花電車を目の前にする子供たち。それぞれが異なるところを見ている。電球一つにしても家庭ではまず使用されない透明ガラスを使用したもので、フィラメントの輝きがはっきり見えて、きっと珍しくかつ不思議なものであったに違いない。室見橋 S50.10（N35/2.8, KⅡ）

■天神では多くの人々に見守られながら出発してゆく。花電車の白熱電球から発する光は、光源の温度が太陽よりも低いので長波長側に偏ったスペクトル分布を示し、通常のフィルムでは照らし出される被写体が赤みを帯びてしまう。そこで青の色温度変換フィルターを使用してみた。ストロボの届く範囲では逆に青みを帯びてしまう結果になるが、3 台の花電車についてはまずまずの色再現となった。しかし実際の印象からすればフィルターなしのほうがより近かったかもしれない。天神 S50.10（N35/2.8, KⅡ）

光の模様の中で

■博多駅前に綺麗に並んだお別れの花電車。花電車の白熱灯により電停の親子連れの表情がほんのり赤く照らし出される。側面湾曲の大きいレンズだが何とか再現できた。博多駅周辺はオフィス街であり、夜に花電車を待つ人の数はさほど多くはなかった。博多駅前 S50.10（N35/2.8, KII）

■夜、花電車がやってくると、まず線路に面した遠くの建物の上部が輝き始める。花電車が見えてもデコレーションはほとんどわからず、3つの大きな光の塊が近づいてくるという感じであった。この写真は急行電車の西鉄福岡駅のホームの窓から捉えたもので、花電車とすれ違った電車がシルエットで浮かぶ。車のヘッドライトやテールライトも美しい光の演出となる。すでに天神地下街の工事が始まっており、道路が鉄板敷きになっている。手前の花電車に架線柱が重なっているが、タイミング上どうにもならなかった。手前の電車のパンタグラフが繊細で美しい。渡辺通四丁目－天神 S50.10（N105/2.5, KII）

■お別れ花電車の運行期間中にも西中州大橋を渡る三台の花電車が綺麗に並ぶシーンがあった。このときは橋を渡り切ったところにある信号の手前で一台目がほんのわずか停まっただけで、チャンスは一瞬であった。水面のさざ波に映し出された光が細かく揺らぐ。日暮れ時の空がブルーになる時間帯にこの場所で花電車を撮りたかったが、少なくとも晩年の運行スケジュールでは実現し得なかったのが唯一心残りである。東中洲－県庁前 S50.11（N105/2.5, KII）

貫線・城南線・呉服町線とのお別れ

最終 姪の浜行
昭和 50 年 11 月 1 日
— 九大前 —

■お別れ式は吉本弘次西鉄社長の挨拶で始まった。

別途記述のある写真以外は九大前にて撮影 S50.11
（N35/2.8, KII）

■お二人のお別れ電車の乗務員に花束が贈呈された。本来は最初に利用者の代表として小さな女の子が吉本社長に花束を渡すシーンを狙っていたが、突然前のファンがカメラを持った手を高く上げたため画面が遮られてしまった。ほんの一瞬の出来事であったが時間は逆に戻せない。

■花束贈呈が短時間のうちに終わり、いよいよ出発に移ろうとするとき、抱きかかえられた女の子と赤い振袖の裾が写り、大変華やかなシーンとなった。出発式は多くの地元住民に囲まれ、寂しいというよりは暖かい雰囲気に包まれて進行していった。

■さよなら電車が動き出すと、まわりを取り囲んでいた住民から一斉に拍手と歓声が湧いた。電車はゆっくりと走り出しては少し停まりぎみになり、長い間通った九大前電停への別れを惜しむかのように出発していった。写真右側には西鉄の方も写真を撮影しておられる様子が写っている。

昭和50年11月1日、貫線・城南線・呉服町線の運行最終日に際し、さよなら電車の出発式は九大前発の姪の浜行と姪の浜発の九大前行の各最終電車でほぼ同時に行われました。姪の浜電停は国道のど真ん中にあり、写真が撮りにくそうでしたので、商店や飲食店などに囲まれた小さな広場の中にあった九大前電停の方に行きました。赤と緑のきらきらとしたモールに装飾され、ヘッドライトにピンクと白の花輪をつけたさよなら電車が回送されてきたのを見たときには大変感激したものです。九大前発のさよなら電車は、長い間電車に親しんだ大勢の地元住民に見送られながら23時前に出発してゆきました。その後も通常どおりに城南線西新行き最終電車、貫線西新行き最終電車が続きましたが、こちらは可哀想なぐらいにまったく注目されず、乗客もまばらで闇夜の軌道上に最後の車輪の響きを残しながら走ってゆきました。

■さよなら電車が去って行く。後姿を見送っていた多くの人にとってさぞ残念な気持ちであったに違いない。長かった最終日もいよいよ終わりに近づく。

■さよなら電車に続いて城南線と貫線の西新行き最終が九大前を出発した。城南線最終電車は普段と変わらないガラガラの車内で、とても最終日とは思えない光景であった。新聞社の記者と思しき方が運転台の横でメモをとり続けていたのが印象に残る。城南線最終電車車内 S50.11（N35/2.8, KⅡ）

■城南線最終電車が六本松に到着し、筆者はここで降りた。すぐに最終電車の“208号”であると確認され、電車が動き出すと同時に、大きなハンマーで電停の安全地帯に一発。今にして思えば、なぜ姪の浜発のさよなら電車が九大前に到着するまで待たなかったのかと後悔するが、公共交通機関での帰宅の足の確保を優先した。六本松 S50.11（N35/2.8, KⅡ）

■小雨の降りしきる中、いつものように小学生が電停で電車を待つ。今日は電車とのお別れの日、電車を見る姿もどことなく違うように感じられる。箱崎松原 S54.2（N24/2.8, KM）

■最終日の午後から雨が降り出し、色とりどりの傘の花が咲いた。慌てて撮ったので大きく手ブレしてしまったが傘の色が美しいのであえて掲載。最終日というのに何故か筆者は雨の中での撮影に尻込みしていて、わずかな枚数しか撮らなかったが、もっと真剣に撮っておけばよかったと今でも後悔している。箱崎松原 S54.2（N135/3.5, KM）

■雨も小降りになり、天神では多くの子供たちが今日限りとなった電車に乗車しようと安全地帯に溢れていた。電停の正面には廃止を通知するパネルが貼られていた。見慣れた路面電車のある天神の光景も今日が見納めである。筆者の義理の母も天神から電車に乗ろうとしたが、はからずもラジオのライヴ番組で取材中の"ばってん荒川"さん（九州の有名芸能人で熊本弁を喋るおばあさん、中身は男、故人）から話しかけられたと言う。天神 S54.2（N35/2.8, KM）

■さよなら電車には大きなパネルが取り付けられ、「長い間のご愛顧ありがとうございました」というシンプルなメッセージに福岡市内線の最後であることが窺える。貫線・城南線・呉服町線廃止のときにも同じメッセージが付いていたが、廃止路線の案内を兼ねたものであった。貝塚 S54.2（N24/2.8, KM）

貫腺・城南線・呉服町線の第一次廃止後は循環線と貝塚線のみとなり、系統番号が必要でないほど簡単な路線になってしまいました。また比較的新しかった連接車も運用から離脱して車種が500形のみに統一されました。それから約3年余り、さほど注目されることなく福岡市内線そのものの終焉を迎えるときが訪れました。代替となるはずの地下鉄も工期が延びて最初に天神－室見 間が部分開通したのはさらに2年余り後になりました。市内線の運行最終日となった昭和54年2月10日、まだまだ春が遠く午後からは寒い小雨の降りしきる中ではありましたが、福岡市民に見守られて、小規模ながらもあちこちで最終日の賑わいを見せていました。

■さよなら電車の出発風景。貝塚のまわりは九州大学のキャンパスや鉄工所があったが民家はさほど多くはなく、集まった人々にはファンの姿も多かった。今回は車体の外側にはモールが取り付けられなかったが、正面の窓から見えていた。出発に際して乗務員への花束贈呈などもとくに行われなかったと記憶する。貝塚 S54.2（N24/2.8, KM）

福岡市内線とのお別れ

昭和 54 年 2 月 10 日

— 貝塚 —

■貝塚を出発するさよなら電車の後姿。九大前での出発式に比べれば盛り上がりは今一つであった。貝塚 S54.2（N24/2.8, KM）

■今回はすぐに帰宅せずに、貝塚駅にさよなら電車が戻ってくるのを待った。ホームには人もまばらで、あと何メートルか走れば明治 43 年 3 月 9 日以来 69 年間続いた福岡の市内電車の歴史にピリオドが打たれる。最後にしてはあまりにも寂しい光景であった。貝塚 S54.2（N24/2.8, KM）

貫線・城南線・呉服町線
廃止翌日の城西車庫にて

■貫腺・城南線・呉服町線の廃止に際して、にわか仕立てでその姿を撮影し始めたものの、自分の中では気分が日増しに盛り上っていった。廃止の日を迎えた翌日も前日までの熱狂ぶりがまだ冷めやらず、どうしても諦め切れない気持ちで自宅から近い城西車庫に行ってみた。車庫の入口付近の架線はすでに深夜のうちに撤去されており、何台かの連接車が昨日まで走っていた路線の方向を向いていて、いかにも寂しげな表情であった。日暮れの青く落ちてゆく空に浮かんだ三日月だけが連接車を慰めているように感じられた。城西車庫 S50.11（N35/2.8, KII）

■今川橋車庫を覗いてみると、さよなら電車が入っていた。昨晩の盛り上がりとこの静寂の対比がどうしても理解できなかった。モールの一部は乗客がお別れ記念に持ち帰ったのであろう。今川橋車庫 S50.11（N35/2.8, KII）

■晩年は連接車の一部に見ることのできない車輌があるとは思っていたが、すでに城西車庫の片隅で眠りについていた。色は褪せ錆びも浮いていて、かつての栄華を思い出すにつけ本当に哀れな姿であった。小学校の登下校時には友達との間で自分の電車を勝手に決めていて、何回出会うかを競っていたこともあった。写真の奥に写っている1006号こそピカピカで走っているのを頻繁に見ていた“僕の電車”であった。城西車庫 S50.11（N35/2.8, KII）

■車庫には電車が番号順に並べられていたのに驚いた。最終日付近の運用段階からあらかじめ準備されていたとはいえ、夜どうしかかって入れ替えたのであろうか。城西車庫のトラバーサー（電車を線路の付いた台に載せて、左右に移動させることにより転線を行う装置）の前には連接車が並んでいたが、すでに塗装が剥離していた車輌もあった。福岡市内線の連接車特有の丸い穴の開いた排障器が優美である。元は観音開きであった若番の1005号（昭和29年製）を除いて、正面の左右窓が未更新のままの状態で使用されていたことがわかる。城西車庫 S50.11（N35/2.8, KII）

福岡市内線廃止後の貝塚車庫にて

■福岡市内線の全線廃止直後に貝塚車庫を訪問した。最後まで走っていた電車がまだそのまま残っているように見えた。訪問者も多いらしく家族連れが電車の前で記念撮影をしていた。貝塚車庫 S54.3（N24/2.8, KM）

■さらにしばらく時間をおいて訪問すると、車庫内の線路が一部撤去されていた。構内にはボンネットバスが化けて出てきたような「西鉄工作車」なる珍車がいて、その特異な風貌に唖然とした。これから電車の解体を手伝う死神が来ているかのように思えてならなかった。貝塚車庫 S54.3（N105/2.5, KPA）

■かつて東車庫で花電車とともに写っていた異動機は貝塚に来ていた。台車は米国製のブリル 21 E 型で、かつて市内を走っていた電車のものである。軸距は 6.5 フィート（1981mm）でボギー台車のそれに近くピッチ方向とヨー方向の揺動が激しいものである。明治末期には全世界的に普及した台車であり、現在でもポルトガルなどではこの台車を履いた二重屋根の古典路面電車がごく日常的に使用されているという。貝塚車庫 S54.2（N35/2.8, KM）

■ずらりと並んだ500形を望遠レンズで撮影した。よく見ると車高に高低の差があるが、500形も501形、551形、561形の3種に細分され、初期の501形と551形では車輪径が760mmで561形よりも100mm大きく床が高かった。車体は比較的平凡なスタイルながら、窓が大きく車内も改装されていたので最後まで古さを感じさせなかったのは見事である。貝塚車庫 S54.3（N600/5.6, KM）

福岡市内線車輌のゆくえ

福岡市内線の廃止後、北九州市内に移った車輌を除けば、連接車が筑豊電鉄、広島電鉄、熊本市交通局で再び活躍の場を得ました。また花電車の台車は長崎電気軌道と鹿児島市交通局に譲渡されました。驚くべきことに、これらの車輌は今でもほとんどの車輌が現役です。広島に移った連接車のごく一部は昭29年製の最古グループで、他の連接車とは形態の異なる汽車会社製の1100形でしたがピンクを基調とした塗装の大変美しい車輌に生まれ変わっていました。広島駅から宮島に行く路線で長い間重宝されましたが、現在は広島駅から宇品方面などへの市内を走っているようです。一方、熊本市電へはやはり最初期グループの1000形のみが譲渡されており、平成21年の春頃まで平日朝のラッシュ時のみに上熊本－健軍 間往復の限定運用に就いていたようです。なかでも1編成は福岡市内線当時さながらにベージュとマルーンの塗色に復元されて、往時を偲ばせています。かつてはあれほどモダンであった連接車も、すでに車齢が50年前後となって老朽化が進んでいますが、いつまでも元気に走り続けてもらいたいものです。なお長崎の花電車87（花）・88号は中国の旧正月に行われる長崎ランタンフェスティバルのときに走っているようです。

■市内線廃止後の九大中門電停付近。軌道敷に雪が積もったせいか、広々とした景色に廃止になったことを実感する。後方の松林の奥に九州大学農学部の建物が見える。九大中門 S54.3（BN50/2.8, EPR）

木造車のかたち

別途記載のあるものを除いて
写真はすべて S44.7 撮影

■城西車庫の昼間、朝の運用を終えた木造車 104 号（二代目）が夕方に備えて待機していた。木造車の最終期とはいえ、非常に元気に見えた。二重屋根側部の採光窓が灰色の塗料で塗りつぶされているものの、古風な魚雷型ベンチレータは大変魅力的だ。二個対になった窓が特徴的な元 九州電気軌道 35 形の最後の姿である。筆者の記憶では、少なくともこの形態の車輌の最晩年には車内の太い窓柱部に鏡は付いていなかった。台車はいかにも硬そうな元 九軌 1 形のブリル 27GE-1 であり、大きく湾曲した板バネが特徴的だ。城西車庫

福岡市内線にも昭和 43 年より吉塚線でワンマンカーの運転が始まり、木造車の淘汰に拍車がかかりました。同年 7 月、木造車を日中はあまり見なくなったので写真に残そうと思い、室見橋から先の単線区間で一時間ぐらい待ちましたが一向にやってきません。室見橋に戻ってタブレットの管理をされていた係の方に木造車が来るかどうかを尋ねましたところ、100 形は少し前にやって来て室見橋で折り返して行ったとのことでした。昼間は単線区間にはほとんど入らないと言われがっかりしていたところ、100 形は城西橋の車庫にたくさんいて、丁度パトロールカー（花電車の先導車に使用されていた車）で戻るところなので、一緒に乗って行ってはとのお誘いを受けました。当時高校生の私でしたが大変親切にしていただき、暑い日でしたので車庫で冷たい麦茶までご馳走になりました。このような御好意により、わずかですがここに写真をお目にかけることができました。もちろん当時の一番の目当ては明治 44 年の製造で唯一屋根が前部を含めて原型の二段になっている木造車 102 号でしたが、あいにくその日は車庫の片隅でパンタを下ろして休んでいました。当時は福岡に住んでいませんでしたので、次の訪問は一年後になりました。今度は城西車庫に直接出向いて撮影許可をいただき、真先に気になっていた 102 号のことを尋ねました。「ああヒトマルフタね、保存しょうかとかいう話もあったとばってん、あそこの隅で燃して（もして）しもうたとよ。あれは前世紀型ばしとったけんねぇ。」というお話にがっかり。しかし面白い話で、たしかに木造車は燃えますね。小さい頃から慣れ親しんだ福岡市内線の 100 型木造車でしたが、昭和 45 年の夏までにすべて廃車となりました。

■木造車の車内は意外と狭い。当時は出力の割にはモーターが大きく、その収納のために床が高い上に二重屋根の下段が低いからである。客室は運転台のあるデッキよりも階段一段分ぐらい高く、乗車した際にはまさに奥の座敷に上がるような印象であった。竣工時の運転台は吹きさらしであったが、のちの改造によりドアが車内側に奥まった位置に取付けられ、客室との境界部に車体断面の補強が施されている。筆者が記憶している時期では内装はすべて薄緑色のペンキで塗り潰されており、シートは緑色の布張りであった。窓配置から元 九軌 1 形である。城西車庫

■こちらは車体更新に際して取付けられた扉が車体側部とほぼツラ位置にあるタイプ。運転台と客室との境界部にやはり鉄パイプが見られるが、より原型に近い。広告の枠も非常に古風である。城西車庫

貝塚車庫にも福岡市内線の電車がたくさんいました。車庫の裏手には走っているのを見たことのない小さな木造車の廃車体が白いペンキを塗られて木陰に鎮座していました。“62”と書かれていたので、戦後もしばらく活躍していた二軸車であったことがわかります。当時、城南線ではボギー車はまだまだ珍しく、小さな電車ばかりが走っていたそうです。六本松の坂ではハンドブレーキの操作の様子が面白く、（ラチェットを解除された後に）ハンドルが凄い勢いで回転していたことや、車体が大きく揺れて今にも分解しそうであったことを母から聞きました。車庫の片隅には小学校のときによく見ていた散水車が２台とも留置されており、どこに消えたのかと思っていただけに懐かしさで一杯でした。都心部を離れると道路はかろうじて舗装されているものの、軌道敷は線路のみを露出させる形で依然として土や砂利のままで、車が横断したり電車が来ると砂埃が舞い上がっていました。夏はとくにひどく、ときどき楕円のタンクを積んだ小さな撒水車がやってきて、バルブを手で回すと前面下のパイプに開けられた多数の小穴から如雨露のように水が出てくるというものでした。午後、小学校からの帰り道に撒水車が坂を下りてくると、「水撒け～」と大きな声で叫び、たまたまでしょうか？実際にそれからすぐに水が撒かれることも多く、踊り上って喜んだものでした。撒水車は車体全体が群青色に塗られた二軸車で、車体の側面に木造車特有の羽目板が残っていることから、元は普通の電車（明治 44 年製 26・29 → 11・14 → 9・10 →撒水車 1・2）であったことがわかります。撒水車には必要のないと思われる行き先表示も白い布を赤や黒で染めた幕でそのまま残っており、その字体からも相当古い車輌であることがわかりました。ちなみに行先表示の変更は巻取り軸両端の丸い木製の円板を手で回転させるというきわめて単純かつ非能率な方式でした。

■元、九軌１形の姿を色濃く残す 102 号で、段差のある二重屋根前部が原型を留めていたので人気があったが、惜しくも解体された。大きな 33 インチ（838mm）の車輪に対して 4.5 フィート（1372mm）しかない短い軸距の米国製ブリル 76E-1 型台車は九軌 35 形から振替えられている。同じ軸距を持つ１形オリジナルのブリル 27GE-1 とともに、市内電車というよりは、米国では都市間の高速電車（Interurban インターアーバン）用として開発されたものである。27GE-1 に比較して、板バネの上部にコイルバネを併用する代わりに、板バネと台車枠を結ぶ２つのリンク内のコイルバネを廃止したスウィングリンク構造を採用している。城西車庫 S43.7

■上下方向に二個ペアの大きな側窓を持つのは元 九軌 35 形の 125 号で、昭和 42 年にすでに廃車となっていた。扉は側面とツラ位置に近く、いかにもあとで付けたという感じであるが、改造を機に車体裾の両端部分は優雅なカーブを描くようになった。この形の車輌の室内の窓柱には大きな鏡が取り付けられていたが、現在ではとても考えられないことである。筆者には鏡の付いた電車が来るのを楽しみにしていた幼少の頃の思い出がある。台車はブリル 27GE-1 で、27E の棒状釣合梁の機能を兼ねた湾曲した板バネが特徴であるが、弓形の釣合梁が軸受部を支える次の MCB（Master Car Builders）台車に比較して、台車の動きとは独立な車体横方向の揺動が大きく乗り心地は決して良くない。27 シリーズはブリル社のベストセラーの台車ながら、この頃でもすでに珍しかった。貝塚車庫

■撒水車を車庫の奥で見つけたときは大変懐かしかった。すでに痛々しい姿となっていたが、紺色の車体に真っ白な車番の“1”や“2”がコントラストよく浮かび、かつて小学校帰りに偶然出会ったときの驚きが甦ってきた。車庫の端に留置されていたので、鹿児島本線の車窓からも見えていた時期があった。撒水車は昭和 43 年頃に廃車されたようだ。貝塚車庫

■多々良車庫の片隅には昭和 20 年代まで活躍した木造二軸車 62 号の廃車体が置かれていた。白く塗られたボディが松の木によく似合っていた。貝塚車庫

■城南線鳥飼方面から城西橋に到着する115号。何かの伝言だろうか車庫の職員が出迎える。城西橋

木造車が走っていた頃

写真すべて S43.7 撮影

福岡市内線の木造車は戦後の昭和25～29年にかけて、とくに城南線などで依然として多かった二軸車を置き換えるために、九州電気軌道時代からの路線がある北九州や、また一時的に昭和24年から移動していた福島線からの5両も含めて計56両が一挙に転出してきました。元は九州電気軌道の1形と35形という創業期の車輌で、明治44年から大正10年にかけて兵庫の川崎造船所で製造されました。これらは丁度関西の大手私鉄の創業期の電車と同じ部類で、路面電車というよりは当時の郊外電車の性能を持っていました。さて二軸車がこのようなボギー車に置き換わったものの車齢は一向に新しくならず、その後長きにわたって古めかしい姿を頻繁に天神のビルの谷間に見せていました。製造当初は運転台が吹きさらしでしたが、戦後の車体更新時に扉が設けられました。明治期スタイルの超古典車でしたが、ワンマン化から除外されて昭和40年代中頃に廃車となる直前まで大活躍しました。しかし古い機器ばかりの超古典車であることや、椅子のない運転席、電停のごとに手動操作で手前に倒さねばならない昇降ステップなどの理由により、乗務員の方々からはあまり好まれていなかったと聞きました。室見橋の詰所で「どうして木造車は日中あまり使用されないのですか。」と尋ねましたところ、「100形は乗務員が好まんとよ。」ということでした。この100形、晩年の室内はやや青みがかった明るい黄緑色に塗り潰されていましたが、床が運転席よりも一段高く、また本来は採光部を持つ二重屋根の構造上、座席の真上の下段屋根が低くてやや圧迫感がありました。また台車は米国のブリル（Brill）社製ですが、当時の都市間高速電車用に開発されたものであるにもかかわらず横揺れが大きく、乗客にとっても連接車の開放感や乗り心地とはかなり異なっていました。しかし私にとって100形は大好きな車輌でした。

■吉塚から築港方面へ石炭を運んでいたころの名残である3軌条から成る“Dual gauge 複軌間”区間がまだわずかに残る。千代町

■千代町電停を博多駅方面に出発した149号。元、九軌1形の第1号電車の最後の姿で、側窓がずらりと並ぶ。台車はブリル27GE-1だ。北九州の砂津車庫や九州車輌で更新を受けた車輌は内付扉と大型バンパーを特徴とする。左に見えるレトロな看板建築は千代交番。千代町

■城西車庫の111号。窓配列から元、九軌1形である。福岡へ移動後に東工場や久留米の有明車輌（のちの西日本車両、西鉄産業）で更新を受けた車輌は外付扉、小型バンパー、車体裾両端部の曲線を特徴としていた。台車は元35形のブリル76E-1に振替えられている。城西車庫

■呉服町線から貫線の天神方面に向う115号。この角度から見ても前部はなかなか纏まったスタイルをしている。背後右側の博多大丸は移転前の呉服町で盛業中である。博多駅が移転する前は大博通りも賑やかだったという。呉服町

■木造車の車内からすれ違う122号を見る。前部の幕板幅がやや狭く感じられる。100形では車内はもとより外からもモーター音がよく聞こえ、この写真を見ていると今でもすれ違うときの音が聞こえてきそうでる。薬院大通

100形木造車の屋根の色は塗り分けられていて、二重屋根上段の上部と下段の上部は赤茶色の鉛丹ペイント、上段屋根の車体側面側の縁取りとその側面の採光窓部分は明るい灰色でした。例に漏れず採光窓としての機能はすでになく、完全に塗り潰されていました。検査を終えて塗り替えられたばかりの車体では下半分のマルーンの赤みがかなり鮮やかで、とても古典車とは思えないほど美しく、あたかも豪華な木の工芸品のような姿でした。このような木造車もその形態にはいろいろなバリエーションがあり、側窓の横方向配列で2種類、窓の上下高さで2種類、前面下部のバンパーの大小で2種類があり、これらが複雑に組み合わさっていました。中でも例えば125号や131号など（123～133号付近）では雨樋近くまで拡幅された高い窓が二個ずつ対になっており、窓間の室内には鏡が取り付けられていたので、子供の頃にこの電車に乗ると嬉しかったものです。しかしこのグループは一足早く廃車になったようで、貝塚車庫の隅でかろうじて再会することができ、撤去されていない鏡に懐かしさを感じました。

■元 九軌35形の119号。内付扉と前面の小型バンパーとの組み合わせというのはやや変則的な組合わせだ。台車は35形オリジナルのブリル76E-1と思いきや、板バネの上部にはコイルバネがなく、また本来は荷重を左右に分配するイコライザーの役割を持たせた板バネの機能も判然としない。電停に着くと乗務員の操作によりステップの踏板が手前に音を立てて倒れてくる仕組みであった。城西車庫

■貝塚車庫で点検を受けている118号。ぴかぴか状態の木造車を見たのは西鉄の車輌にかぎらず、筆者にとって初めてのことであった。貝塚車庫

大牟田線
大牟田本線

沿線一の見所　矢部川鉄橋
― 西鉄中島 ―

西鉄大牟田線は昔から“急行電車”という名称で親しまれており、西鉄福岡－大牟田間 75.1km（撮影当時）の本線、二日市－大宰府間 2.4km の大宰府線、宮の陣－甘木間 18.0km（撮影当時）の甘木線から成り立っています。本線の久留米以北では福岡への通勤路線的な色彩が濃いのに対して、久留米以南では撮影当時に比べて宅地化が進んだとはいえ、現在でものんびりとした田園風景の中を走る区間が多くあります。昭和 30 年代の夏の暑い日に、福岡に近い大橋－井尻 間の那珂川の鉄橋を渡るときに全開の窓から川で泳いでいる子供がたくさん見えて、車内から大きな歓声が沸き起っていたのがつい昨日のように鮮明に思い出されます。また 1000 系特急電車の車窓から、はるか彼方の背振山系の麓を集落に見え隠れしながら蒸気機関車に引かれたブルートレインの寝台特急と併走していた様子が記憶に残っています。

■特急として現役の頃の 2000 系が矢部川の鉄橋を渡る。電車が福岡の都心からやってきたとは思えないほど、あたりはのどかな景色である。単線区間ではあるが特急は中島信号所を通過すると登り勾配をものともせずぐんぐん速度を上げ、轟音とともにこの川を渡り切ると大牟田到着まで約 10 分で到着する。この鉄橋の近くには多くの船が繋留されており、河口まで約 5km を下って有明海に漁に出る。漁船の旗はこの船が進水したばかりであることを意味する。
西鉄中島－江の浦 S54.6（N24/2.8, KM）

■矢部川の鉄橋に夕暮が訪れる。漁に出る船や戻ってくる船が通るたびに波が両岸に押し寄せ、活気に満ちていた昼間が嘘のように静まりかえり、夕日だけが静かに鉄橋を照らし続けている。やって来たのは元特急車の1300系で、1000系（1000形・1100形・1200形）の6編成すべてがアイスグリーン色に塗り替えられた後も特急色と側面2扉を維持していた。西鉄中島－江の浦 S52.4（N28/2, KM）

■西鉄中島駅のホームの端はすでに矢部川の堤防の上にある。電車が来るまで船が並んでいる景色を楽しむことができるので、上り下りとも30分に1本しか来ない普通電車を待つのも苦にならない。矢部川の堤防はとくに春から夏にかけての表情の変化が美しい。西鉄中島－江の浦 S60.4（N24/2.8, EPR）

久留米を出た大牟田行特急は試験場前をゆっくり通過しながら単線区間に入ってゆきますが、以南の単線区間も含めてかなり速い速度で駆け抜けてゆきます。途中一部の区間は複線化されているものの、“水郷の町”柳川を中心としてその前後には長い単線区間が存在します。平成13年まで久しく福岡から大牟田まで直通する普通電車が日中30分おきにパターン化されたダイヤ上に設定されていましたが、現在では甘木からのワンマン運転の普通電車が大牟田まで直通し、福岡からの普通電車は大善寺までの運行が基本となりました。当時の単線区間では普通電車の歩みはますます遅くなり、昼間は福岡－大牟田間を1時間5分で走破する特急と、その2倍以上もの時間をかけてのんびり走る普通電車とが対照的でした。柳川では両方向からの単線が4線に分かれ、上下の普通電車が同時に上下の特急の通過待ちをするという光景があり、普通電車が15分ぐらい停まっていることもありました。

有明海の河口近く　干満差のある風景

■梅雨が明けた頃、漁船の繋留や船への足場の確保を行うための竹棒を漁協総出で一斉に交換する。写真の電車の両端は 303 形（モ 306 またはモ 307・ク 356 またはク 357）で、終戦後の輸送力確保のために運輸省規格型として昭和 23 年に製造された。中間にバス窓ボディ新造で下回り旧 600 系再利用の昭和 36 年製中間電動車（モ 326 またはモ 327）を組み込んでいる。やがてこれらの 2 編成とも大牟田線から宮地岳線に転出し、うち “307” 編成は車体・下回りとも更新されて路線短縮後も平成 19 年末まで残っていた。西鉄中島−江の浦 S52.7（N35/2.8, EPR）

■ 20 系の大牟田行きが西鉄中島駅に到着する。西鉄中島駅は矢部川の堤防を越えるために高架上にあり、当時の駅周辺には商店や民家が密集しており、漁村の町に昭和の風情が漂っていた。20 系は、西鉄の前身の一つである九州鉄道の大正 13 年創業以来の木造車で前面 5 枚窓の 1 系（モ 1 形・モ 1 形改造のク 50 形）・昭和 2 年製で前面 3 枚窓のク 50 形の更新車（前期：昭和 33/34 年・車体長 15 m・3 編成 9 両、後期：昭和 34/35 年・車体長 16 m・3 編成 9 両）などである。最初の 1 編成で写真のモ 27 ＋モ 28 ＋ク 55 のみは竣工後 3 年余り、むき出しの前照灯・丸形尾灯、室内白熱灯の特異な形態であった。また 4 編成目のモ 31 ＋モ 32 ＋ク 59 は旧ク 51 〜ク 53 更新名目の新造車に近く、モは 100 系改造の試作車編成から譲り受けたカルダン駆動の MM' ユニットを備えていた。20 系の前面は元特急用の 1000 系のそれとよく似ているが全体に角ばった感じで、二枚の大窓の R もやや小さく見える。20 系を見ていると、竣工時はまさにこの色であった “急行用” の 1000 系を思い出す。西鉄中島 S52.10（N28/2, KM）

福岡から特急に乗って大牟田に向かうとき、柳川の先の矢部川の眺めに強い印象を受けます。西鉄中島の手前でスピードを増した特急電車がぐんぐん坂を登ってゆくのを体に感じて窓の外に目を向けるといきなり鉄橋にさしかかり、川に数多くの漁船が停泊しているのを見ることができます。鉄橋付近はおもに中島漁協に所属する船ですが、下流側には大和（やまと）漁協や山門羽瀬（やまとはぜ）漁協の船も繋留されています。漁はここから約 5km 下流の有明海まで出て行います。海苔の養殖を中心として、季節によってアサリ貝、赤貝、タイラギやクラゲなどが水揚げされています。有明海の海産物は干潟特有のものでムツゴロウがあまりにも有名ですが、眼のない原始的なウナギのようなワラスボ、貝にしっぽが生えているメカジャなど、食べるのに相当勇気を必要とするものもあります。北原白秋の生家や旧立花藩屋敷「お花」で有名な柳川の沖ノ端には有明海特産の魚介類を扱う魚屋があり、撮影の帰りによく柳川に立寄って店先を覗いていました。

■このあたりは矢部川の河口から5km程度上流であるにもかかわらず、有明海の大きな干満差の影響を強く受ける。有明海の干潮時には泥の多い干潟が現れるが、中島でも同じような光景を見ることができる。元特急車の1300系は、流線型の先頭車を旧600系から調達して制御車とし、出力の違いや連結部の貫通幅が100mm短いなどの相違点はあるものの、1000系とほぼ同じ仕様の車体を持つ新造の中間電動車ユニット2両を組み込んだために窓の高さが不揃いとなった。しかしファンにはこの電車の人気は高く、先頭車の表情や塗色のイメージから"月光仮面"と呼ばれる向きもあった。西鉄中島－江の浦 S52.7（BN75/2.8, EPR）

矢部川鉄橋の直前には堤防に接する形で西鉄中島駅があり、ホームの端から四季折々の美しい光景を眺めることができます。昔は鉄橋が赤に塗られていたと聞きましたが、訪問時には緑色で片側に手摺が付いていました。漁船と一緒に眺める鉄橋上の電車の姿は大変素晴らしく、ここが大牟田線で第一番目の見所であることは誰もが認めるところでしょう。川に無数の竹棒を立てて船の繋留や足場の確保を行っていますが、大雨が去った初夏には竹棒の交換を漁協総出で行う光景も見られます。一方、有明海に出れば、竹を使って堤防から小さな桟橋を作りその先端の小屋から蜘蛛手網なる魚網を吊るして浅い海に沈め、カニ・シャコ・ウナギなどが入るのを待って引き上げるという漁法があり、その光景は有明海の風物詩となっています。有明海の干満の差は非常に大きく、中島の鉄橋付近でもこれに対応した潮汐が見られます。とくに3月と9月の大潮のときには、堤防下の作業通路の上まで水位が上がり、船で作業をしている漁師の皆さんが撮影をしている私に事前に親切に教えてくれます。

■夏の晴れた日に西鉄中島を訪問すると、堤防では遮るものがないので直射日光をまともに受けて非常に暑く、午後は青い空めがけて入道雲が次々に高く上ってゆく。まもなく空は一面曇りとなり、いきなり夕立がやってくる。雨宿りをして鉄橋のあたりに戻ると暑さが幾分和らいだのもつかの間、再び空が晴れてきて太陽が照りつけ、今度は地面の水分の蒸発で夕方にかけて非常に蒸し暑くなる。かつてはよく体験した夏の午後の天気だが、最近では過去のものになりつつある。西鉄中島－江の浦 S52.7（BN50/2.8, EPR）

100系と20系

大牟田線にアイスグリーンに赤帯の新型5000系が投入された後もしばらくは旧型の小型車が本線上を走っていました。その一つは昭和16年製の100系で丸味を帯びた車体と大きな側窓が特徴でした。竣工時はクロスシートも備え豪華な車だったそうです。私が子供の頃の昭和30年代は他形式と編成が組まれており、丸い100系の電動車モ2両に四角い木造制御車のク50（竣工時からクの前面3枚窓のク53・54）や、四角いモ10形の2両に丸い100系のク150形（ク154・ク156）1両が連結されており、四角と丸の併結に大変興味を覚えたものでした。晩年は100系のみの3両で編成が組まれ、一部は編成単位でバス窓仕様に更新されていよいよツルツルの車体になっていました。一方、バネの堅さと高くて小さな窓がわずかに記憶に残る九州鉄道（西鉄の前身の一つ）創業期の5枚窓の木造車元1系も、昭和33年から新しい車体に載せ換えて20系を名乗っていました。最初に福岡駅に入線してきた姿を見たときには、新型急行と同じ顔をした普通電車とばかりに、祖母を説得してわざわざ1000系の急行から20系の普通に乗り換えたこともありました。車体に長短の2種類があり下回りも新旧さまざまですが、100系とともに長い間大牟田行の普通電車などに使用されました。昭和40年代後半の記憶によれば、これらの車輌には冷房機はおろか扇風機さえも付いていなかったように思いますが、夏場の夕方のラッシュ時でもおかまいなしに西鉄福岡駅に来ていました。20系が新型電車の形をしていたのに対し、100系は更新を受けてもやはり旧型にしか見えませんでした。中でも大牟田側よりモ110＋モ112＋ク155編成のモは最後まで木製の窓枠のままで、撮影の一番の目標になっていました。福岡寄りのク155（二代目）は、元1系の木造制御車であり、モ1形のずんぐりした形態とは異なるク54を改造したもので、昭和35年に鋼体化を行い、併結されていた元の100系編成に戻されました。当時でも十分古めかしい100系にわざわざ似せた車体を製作したところが大変面白いですが、さすがに木枠窓とはゆかず100系では唯一側窓がアルミサッシ二段窓となっていました。しかし完全に同じ車体にはならないもので、一目見て幕板幅が狭いほか、↗

100系の響き

■西鉄中島駅の対岸で電車が来るのを待っていると、音もせずにいつのまにか普通電車が柳川方向から中島駅に到着しているのに気付くことがある。それが目当ての編成であるときは嬉しくなるが、撮影の失敗は逆に大きく後悔することになるので急に緊張したものとなる。竹棒や架線柱を交わしながら6×6判で慎重に1枚を決める。もちろん大牟田で折返して戻ってくるまでこの場を離れることはあり得ない。西鉄中島−江の浦 S56.7 (BN50/2.8, EPR)

■冬の晴れ日に天神から電車に乗り、西鉄中島に到着すると予想に反して完全な曇りということがよくあり、福岡で南筑後の天気を予測するのは難しい。電車に乗る前から青空バックの素晴らしい光景を頭の中で想像していたので大いにやる気も失せがちで、ホームに降り立ったときからどの電車で帰ろうかと考えてしまう。しかし100系の目当ての編成が来るまではと頑張れば、電車が鉄橋を渡る直前にこのあたりのみがスポットライトを当てたように日差しの中に包まれる。暗い空が背景だけにコントラストも良く、本当に幸運としか言いようがない。確率的に限りなくゼロに近くとも、ここではまだ諦め切れず、戻りも同じ状況を期待するが、二度の奇跡は決して起こらずただの曇天の写真となって早々に退散となる。西鉄中島−江の浦 S56.11 (BN75/2.8, EPR)

■矢部川の干潟に残された廃船のまわりに目をやると、干潟の穴から小さなカニが出入りしているのが見える。さらに目を凝らすと多くの小さな生き物がせわしく動いている。人の足音には敏感に反応する彼らも、聞きなれた電車が鉄橋を渡る音にはまったく反応しない。西鉄中島−江の浦 S56.7 (BN75/2.8, EPR)

↗屋根頂部までの高さがわずかに(43mm)低くなっていました。さらに驚くべきことは、昭和37年に新造された600系、モ603の制御車としてなんと100系のク156がク653として整備され、まったく由来の異なる旧型車が当時の最新型と編成を組んだことです。薬院の平面交差では通過音の響きも他の600系とはまったく異なっていました。車体長もかなり短いので違和感だらけでしたが、乗客の目にははたしてどのように映ったのでしょうか。ク653の外見はまさに100系ですが、ツルっとした車体なので案外気づかれずに新型に成りすましていたのかもしれません。100系は早期に移籍した2両を除き、300系や20系のように宮地岳線へ大量に転出することはありませんでした。

■遮るもののない河原で太陽からの輻射熱をまともに受ける暑い夏の昼下がり、やってきたのは20系の3両編成だった。当時は地味な存在で撮影を見送ることが多かった20系であるが、6×6判のゼンザブロニカにあまり出番のなかったゼンザノン100mm/F2.8レンズをつけて撮影してみた。ニッコール75mm/F2.8で6枚構成の新レンズに比べてコントラストや立体感にはやや劣るようだが、周辺でも乱れの無い緻密な描写をする。この日はレンズシャッター付きで3群4枚構成テッサータイプのニッコール105mm/F3.5レンズも試しており、さながらレンズのテストのために来ているようであった。頻繁に電車がやってくる路線ではこのような楽しみもあるが、それでも30分ごとの繰り返しダイヤで電車を待つのは暑さとの戦いである。現在では冷房をかけた車を堤防に停め、目当ての車輌が来たときだけ窓を開けての撮影となるが、レンズ表面の結露に泣いたことは数知れずある。西鉄中島－江の浦 S52.8
（BZ100/F2.8, EPR）

炎天下

矢部川の鉄橋の最も美しい季節はやはり夏です。入道雲が濃い青空に湧いてきたり、突然曇って夕立になったり、忘れかけていた夏の天気を思い出させてくれます。しかし空が広い上に、遮られることのない太陽の日差しは非常に強く、作業通路のコンクリートからの照り返しもあって、うだるような暑さの中で電車がやって来るのを待つことになります。目標の電車が来る合間を縫って中島の町まで飲み物を買いに行きますが、戻って来てほっとするのもつかの間、また同じことの繰り返しとなります。

■夏の青空の下、漁船の白い舳先が水面にキラキラと輝く。折りしも600系の特急が全速力で轟音を立てながら鉄橋を渡ってゆく。中島の典型的光景である。すでに600系も大牟田線からは全車引退しており、旧塗装をまとった姿が懐かしい。前面頭部への電動式方向幕取付け前は貫通扉下部に小さな方向幕があり、白枠の青地に“特急”と黄色で書かれたの表示板を別に取りつけていた。西鉄中島－江の浦 S52.8（BN50/2.8, ER）

■塗色変更・3扉化され、青い車体に黄帯で特急として颯爽と筑紫路を走っていたころの精悍さをすっかり失った1000系は撮影対象ではなかったが、地元の子供たちが魚釣りをしている懐かしい光景に出会ったので久しぶりに撮ってみた。このアイスグリーン色はなかなか自然界には存在しない色であり、風景にいまひとつ溶け込みにくいが、青空とのコントラストはなかなか美しい。西鉄中島－江の浦 S52.8（BN50/2.8, ER）

300系　最後の活躍

■この頃になると中島の鉄橋で4連の300系に出会うチャンスは滅多にない。しかもかつての西鉄電車の色を彷彿とさせる塗りたての鮮やかな塗装だ。西鉄ではかねてより線で表示された業務用のダイヤグラムを縮小して一般に配布するというファンにはこの上なく有難いサービスがあり、すぐにこの編成の続きの運用を調べて追いかけることにした。快晴にも恵まれ、大きな期待とともにうまく撮影を続行できるかどうかの不安も同時に募る。西鉄中島－江の浦 S60.7（N35/2.8, EPR）

■高架の中島駅に入線する308形。300系は4系列存在したが、廃車や宮地岳線への転出により、このころにはめっきり数が減っていた。この“300形”の前面には昔の西鉄電車の顔が依然として備わっていた。戦後の混乱が残る昭和23年製とはいえ、貴重なガラスの入った窓も大きく、実用本位に作られたところが結果として整った形態を呈しており、古さをあまり感じさせない。308形の車体長は同年直前に製造された303形よりも1m長く18mであった。西鉄中島 S60.7（N35/2.8, EPR）

■“300形”を急遽追いかけることになり、すぐに思いつたのが西鉄柳川の南に位置する塩塚での福岡行2000系特急との交換シーンであり、電車からホームに降りてうまく撮影することができた。モ311号の大牟田寄りにパンタグラフが付いた姿が美しい。撮影後は運転士よりも早く電車に乗り込む。乗ってゆけばまだ撮れるチャンスがある。塩塚 S60.7（N35/2.8, EPR）

■柳川前後の区間での“300形”の車内は昼間ということもあってガラガラだ。手前の窓を二面開けさせてもらって開放感を強調して撮影する。初夏の緑一色の田園と濃いピンク色の服を着た若い女性、電車内装のベージュのペイントと青のシート、すべての色の対比が美しかった。明暗差の大きな被写体にコダックのエクタクロームが美しい描写をしてくれた。S56.7（N24/2.8, EPR）

■西鉄中島から乗ってきた電車を見送る。柳川の一駅福岡寄りに位置する矢加部駅は、国鉄佐賀線との立体交差のために高架上に設けられている。乗降客は非常に少なく、上下方向とも30分ごとにやってくる普通電車のみが停車する。佐賀線は若津で筑後川にかかる昇開橋があまりにも有名であるが、惜しくも昭和62年に廃線となった。すでに矢加部駅は高架である必要もなくなったが、佐賀線が走っていたことの生き証人のように現在も昔とほとんど変わらない姿で、毎日多くの電車を通過させている。矢加部 S60.7（N24/2.8, EPR）

■矢加部で一度下車すると同一方向へは30分間動けないので、佐賀線の列車も撮ろうとアングルを考えていると、しばらくして緑一面の田園の中をオレンジ色のディーゼルカーがのんびりとやってきた。若津の昇開橋を海鳥と戯れながらゆっくり渡っていた旧型の10系気動車の姿が思い出される。矢加部 S60.7（N24/2.8, EPR）

私が幼少の頃にかすかに記憶している昭和30年初め頃の西鉄電車は、濃いマルーン（海老茶色）一色塗りのほかに濃いグリーン一色塗りの電車もあったように思います。その後は長い間お馴染の肌色／マルーンのツートンカラーとなり、やや地味ながらも塗り替え直後はマルーンの赤みが強くとても美しい色でした。しかしこの塗色の電車も昭和50年代の終り頃には5000系の増備により数がかなり減ってきて、100系はすでに全車が廃車、20系や300系は宮地岳線への転出が進んでいたので、たまに大牟田線で出会うと非常に嬉しいものでした。ここでお目にかける写真は300系の中で最後まで大牟田線に残っていた編成（モ311＋ク351）＋（モ312＋ク352）で、検査直後のせいか塗装の美しい姿を見せていました。初夏のよく晴れた日に、運よく中島の鉄橋でこの編成と出会うことができ、柳川－大牟田 間を二往復した後に福岡方面に向かう運用でしたので、柳川の一つ先の矢加部までの短い区間ではありましたが、実際に乗って爽やかな自然の風が入る電車の車内を満喫することができました。

南筑後のクリーク　— 大溝 —

■梅雨の季節に２年続けて何度かこの場所を訪問した。湿度の高い蒸し暑い日であったが、時折の微風が川面に美しいさざなみを立てながら心地よい涼しさを与えてくれる。向う岸には麦を刈った跡が見えるが、麦畑はこの季節の南筑後の風物詩である。雲雀のさえずりのみが聞こえる午後の静けさの中に電車の走行音と警笛が遠くに聞こえはじめ、徐々に大きくなって大牟田行きの特急電車が全速力で突っ走ってゆく。現在この区間は複線化され、残念ながら線路の近くでこのような光景を見れる場所は激減したが、クリークはまだ多く残っている。犬塚－大溝 S56.6（BN50/2.8, EPR）

■緑に映える黄色い車体の 2000 系を標的にしていても、やはり旧型がやって来るまでは帰れない。大牟田線で最後の活躍を見せる 308 形（手前）と 303 形の併結編成が大きなモーター音を唸らせながらゆっくり走ってきた。このような素晴らしい光景もすでに思い出の世界にのみ生き続けている。犬塚ー大溝 S56.6（N24/2.8, EPR）

筑後平野から佐賀平野にかけて、かつてはクリークと呼ばれる用水路が縦横無尽にはり巡らされていましたが、近年の区画整理に伴って年を追うごとにその数を減らしてゆきました。大牟田線でも柳川の手前にその姿を見ることができ、中でも大溝駅の北側では美しいクリークの横を走る景色が展開しており、何度か通ったものです。南筑後のこのあたりでは 5 月から 6 月にかけて一面薄茶色になった麦畑も見ることができます。撮影は思いのほか大変で、撮影場所を変えようにもクリークに行く手を阻まれて、迷路のような径を小さな橋がかかっているところまで大きく迂回しなければなりませんでした。

■撮影アングルを探しながらクリークの脇の径を歩いていると花が咲いている光景によく出会う。珍しい黄菖蒲の花を明るく照らしていた太陽が、電車が来る直前に雲の中に隠れ、花の色が少し沈んだ色合いとなってしまい残念だ。犬塚ー大溝 S56.6（N24/2.8, EPR）

■クリークの水量は降雨に敏感で、雨が降った直後には水かさが急に増す。それまでクリークの脇に生えていた草木が水中に沈み、葉の表面にとり残された無数の小さな泡が輝いて独特の美しさを演出する。麦刈りの終わった畑を対岸に望む場所で、日暮れまであたりの表情の変化を追ってみることにした。犬塚－大溝 S56.6 (BN50/2.8, EPR)

■日没後、すでに空は群青色に変化し始めている。麦畑では野焼きが行われ、オレンジ色の炎がわずかな風に揺れながらすっかり暗くなったまわりの草木の中で一段と輝く。犬塚－大溝 S56.6 (N35/2.8, ER)

薄明《はくめい》

日暮れというのは昼間活動してきたすべてのものが凝縮する時で、自然の中で過ごしていると、時々刻々と景色の中の美しい彩が一つずつ墨色に変わってゆきます。晴れた日には空が透き通った群青色になって最後に輝くものを美しく引き立たせてくれます。大溝のクリークにもやがて夜がやってきますが、赤いテールライトを灯しながら今日はもう終わりですよと言わんばかりに、2000系の特急電車が疲れた人々を乗せて去ってゆきます。日暮後にこの時刻まで撮影していると帰り道は闇に包まれてしまいますが、昼間にはあれだけ美しかったあたりの草木も不気味な陰と化し、蛙や虫の合唱も早く帰れと言っているように聞こえます。駅に辿り着くと普段の世界に戻ることができて帰り道の怖さから免れた安堵感と、夕暮れまで撮影したことの満足感に浸ることができます。

雨が降るとクリークの水量が急に増し、まわりに咲いていた草がそのままの姿で水中に沈む光景が見られます。クリークがすべての生き物に恵を与えているような大変美しい場所でしたが、現在では複線化や区画整理などでその面影はほとんど消えてしまい、これらの写真の撮影場所を特定することすら非常に困難です。

夕闇が迫る

■梅雨の合間の良く晴れた一日が終わろうとしている。わずかな明るさを残しながら空は透き通った群青色に染まる。あたりがすっかり暗くなり、だんだん心細くなってきたとき、それをかき消すかのように大牟田行の特急が真っ赤なテールライトを残しながら通過してゆく。一日の最後にして最も美しい光景に出会えた。ふたたびの静寂にかすかな音だけがまだ響いている。帰り道は、まだかろうじてあたりが見えるうちにと、縦横にはり巡らされたクリークを交わして何度も道に迷いながら早足で駅へと向かう。この地での夜を支配する蛙や虫が早くここから立ち去れと言わんばかりに鳴き始め、径の脇で理由もなく草が擦れる小さな音に大きな恐怖感が募る。犬塚ー大溝 S56.6（N35/2.8, ER）

■わずかに空の色が残る雨の日暮れ、鉄橋を望遠レンズで覗いていると、向岸の堤防に登ってくる電車のヘッドライトが線路や架線をオレンジ色に照らし始める。雨に濡れたホームは信号機や蛍光灯が反射して輝き、美しい光の造形となった。宮の陣 S55.6（N600/5.6, EPR）

旧筑後川鉄橋 ― 宮の陣 ―

■まだ前照灯が頭部に付いていた頃の600系が筑後川鉄橋を渡り終えた。特急の表示板の水色がマルーンの車体色とよく似合っていた。宮の陣 S55.6（N600/5.6, EPR）

筑後川は大牟田線の電車が渡る最も大きな川です。福岡方面から久留米に到着する直前、甘木線への分岐のある宮の陣駅の南側に立派なトラス橋がかかっていました。宮の陣駅のホームの北側はカーブを描いており、少し離れてはいますが、鉄橋を真正面に捉えることができます。久留米方向から来た甘木行きの電車がまず下り本線を渡り、編成をくねらせながら甘木線に進入してゆく姿には結構楽しいものがありました。この鉄橋は昭和56年に新しいガーター橋に架替えられ、線路も駅もやや西側に移動しましたが、車輌が本線と同じ規格の大きな車体を持つ新型になった以外は、甘木線への進入の様子にほとんど変化はありません。かつては、東側に甘木線の前身である三井電気軌道が渡っていたトラス橋が依然道路橋として使用されていましたが、現在ではやはり架替えられてその姿も見ることができません。

■味坂から久留米の間で上りと下りの特急がすれ違う状況は現在も同じである。車輪の3本のスポークに「株主の投資」・「従業員の努力」・「乗客の愛顧」の意味を込めた西鉄の旧社紋を掲げる2000系が赤の特急サインを灯してすれ違う。6×6判カメラでの撮影だが、超望遠レンズのF値が暗いのとブレ易いので、高感度ASA400のフィルムでも撮影可能となる限界的な条件であった。福岡行特急の前照灯が点灯していないのが惜しまれるが、まだ必要ではなかったのであろう。昭和48年以来活躍してきた2000系も8000系に特急の座を追われ、三扉化されて久しいが、現在では廃車も進んでしまい、走っている姿を見る機会はめっきり減ってしまった。営業運転初日の夜に福岡駅にゆっくり入線してくる2000系特急の威厳と風格は今でも忘れられない。宮の陣 S56.10（BN1200/11, EL）

■宮の陣のホームで待っていると、ときどき甘木線に200系が出入りする様子が見られる。甘木行は対向列車の走る下り本線を越えて甘木線に入る。200系の丸い車体を蛇のようにくねくね曲がらせながら渡ってゆく様子がとても面白かった。このような車体形状では渡り線でも車体断面を見せることはないので、写真を撮ってもなかなか絵になる。宮の陣 S56.10（BN1200/11, EL）

雨の中で超望遠レンズを使う

雨の日は遠くの景色を霞ませて手前の被写体を美しい“スクリーン”の前に置くことができます。また夕暮れ時明るさの中では大小の光のすべてを拡大して、その反射を手前に映し出します。しかし雨の中で写真を撮るのは非常に大変で、レンズやフィルターに水滴が付着すればその一つ一つが小さなレンズとなるので容易にピンボケ写真となります。宮の陣では長いレンズを使用するため、傘では雨がレンズにかかるのを避け切れず台所用透明フィルムをフードごとレンズに巻きつけて防水を行っていました。カメラブレ防止のために2台の三脚を用いてレンズ側とカメラ側の両方を固定し、夕暮れ時にはこの状態で1/15～1/4秒のシャッターを切ることになります。電車が見え始めるとカメラ操作のために傘をさすこともできず、びしょ濡れになりますが、撮影後は最優先で故障の原因となるカメラボディに付着した水滴をまず拭き取らなければなりません。撮影が終わる頃にはまるでバケツの水を被ったかのように全身ずぶ濡れ状態になりますが、夏場は帰りの冷房車が心地よく、当時は風邪もひかずに頑張れたものでした。

甘木線

ススキとコスモスの秋

■大正 13 年に九州鉄道と合併した三井電気軌道を前身とする甘木線には、昔の名残と思われるようなローカル色豊かな光景が点在していた。写真は北野の近くで農家の横を通り抜けてゆく 200 系の姿だが、現在では線路脇にこのような光景はなかなか残っていない。塗り直したばかりの車体色が美しく、独特の軽快な走行音があたかも聞こえてくるようだ。北野－大城 S50.10（N200/4, KII）

200系とク60形

昭和10年頃より世界的に流線型が流行し、日本でも蒸気機関車をはじめ多くの流線型車輌が登場しました。西鉄の前身の一つである九州鉄道でも昭和12年と16年に丸い前面の小型軽量車体で高速を誇った“20形”電車（のちの200系）を導入し、昭和30年代までは頻繁に西鉄福岡駅にも来ていました。晩年は三井電気軌道時代の名残の急カーブが点在する甘木線専用となって、甘木と大牟田本線の花畑 間を走っていましたが、朝の一往復のみ大善寺まで乗入れていました。2両または3両単位で組まれた車輌間には狭い幅ながら貫通幌も付いていました。貫通扉がないので小型車ながらも車内は開放感があり、席に座って前後の車輌を見ていると、宮の陣－北野 間では急カーブや川を渡るときの起伏に沿ってくねくねと上下左右に編成が曲がってゆく様子がはっきりわかりました。200系の丸い形に対し、四角い形の制御車ク60形（ク62～ク64（ク61は20系の制御車ク55～の最終番号））や付随中間車サ65が組み込まれた編成もありました。これらは元博多湾鉄道汽船のガソリンカーで、大川線や上久留米線を経て最終的にエンジンを撤去して甘木線で使用されました。昭和9年製でク60形の前面は4枚窓ですが、側面は窓の横幅以外200系と類似しており、あたかも元から200系の仲間であったかのようでした。これらの車輌の最晩年は広幅の金属製ドアへの交換をはじめ、前面の窓枠の一部や前照灯などが更新されて優美な形態を損なっていましたが、車内は最後まで木製のニス塗りでした。200系は西鉄電車の中でもとりわけファンによく知られた存在です。

ここで甘木線に入ってみましょう。甘木線はその昔、久留米の日吉町から路面電車のような小型車輌で運行されていた三井電気軌道に始まります。大正13年に西日本鉄道の前身である九州鉄道に合併されて久しかったのですが、依然として起伏や急カーブが多く残っていたのが特徴でした。昭和30年代は西鉄福岡駅でもよく見かけた丸い前面の200系電車を御存知の方も多いと思いますが、撮影当時はこのような小型車輌しか入線できませんでした。丸い形状でありながら隣接する車輌との間に扉なしの貫通路が設けられており、前後の車内を見れば起伏やカーブが多いのがよくわかりました。甘木線は現在でも美しい田園地帯の広がる筑後平野の中を走っており、景色は当時からあまり変化していません。中でも北野－大城 間には広々とした田園や昔ながらの農村の風景が展開しています。古くからこの地域の中心である北野は、近年コスモスの町として有名になり、筑後川支流の陣屋川の堤防一面に植えられたコスモスが秋に華やかな彩りを添えています。特徴ある200系電車でしたが、線路の改修を行って平成元年より本線と同じ規格の大型車に置き換ってしまいました

■沿線を注意深く見てゆくと絵になる風景と出会うことがある。日の当たったコスモスを暗い影の中に浮かび上がらせて撮れるところなど滅多にあるものではない。この場所を最初に訪問したときはいまひとつ天気がすっきりせず、コントラスト不足で背景を完全にブラックアウトさせることができなかったので、次の晴れの日に再び訪問して撮影した。近年、筑後川の支流で北野の町を流れる陣屋川の堤防沿いにはコスモスが咲き乱れ、秋の休日には“コスモス街道”を散策する多くの人々が訪れる。北野－大城 S50.10（N35/2.8, KII）

筑後平野の中心を駆ける　— 大城 —

　大城駅の北野寄りには筑後平野の広大な田園風景が広がっており、見通しの良い日にははるか彼方に二つの尖塔を持つ煉瓦造りで内部は木造ゴシック様式の「今村教会」を望むことができます。夏に青々としていた稲も収穫期の朝夕には輝くような明るい黄金色に変化します。この時期には赤茶色やオレンジ色の斑模様のマムシやヤマカガシが同じところに3、4匹たむろしているのに出会ったこともあります。遮るものがないので撮影は容易ですが、意外に架線柱と車輌の連結部との重なりが不自然になることが多く、複数枚を連続して撮影していました。

■筑後平野の六月は麦畑が色づき、あたり一面褐色となる。北野－大城 S56.6 (N35/2.8, KM)

■秋晴れに稲穂が黄色く色づき頭を垂れると収穫も近い。稲の描写はカメラ位置のわずかな差や絞りの選択で大きく変化するので慎重を要する。丸い車体のモ200と四角い元博多湾鉄道汽船のガソリンカーク60は似合いのカップルで、あたかもこのように組み合わされることが竣工時からの宿命であったかのように、車体裾のラインや側面窓の高さが揃って調和を見せている。まだこの頃は側面扉や前照灯、200系の前面の小窓などに更新改造が行われておらず、どの電車も美しい形態を見せていた。改造車が増えてからはほとんど訪問しなくなった。残念ながら特徴のあるこれらの小型車輌は、線路のカーブや起伏を緩和して平成元年に大型の600系が入線してくると見られなくなった。各部が更新されていた1編成のみがその後もしばらく動態保存されていたが、結局は廃車されている。北野一大城 S56.10 (BN50/2.8, ER)

■秋の色づいた田園風景も朝早く訪問すると、赤みがかった光を浴びてとりわけ美しく感じられる。深い黄金色の稲穂と夜中に発生した霧にかすむ遠景、晴天の空の青さが絶妙のコントラストを見せる。霧が晴れればはるか遠くに二つの尖塔を持つ煉瓦造りの今村カトリック教会を望むことができる。この季節の撮影はマムシやヤマカガシに注意が必要だ。北野－大城 S56.10 (N35/2.8, EPR)

■甘木線の大城付近では広大な筑後平野の真っ只中を駆け抜けてゆく。夏も終わりに近づき、青々としていた稲穂もかすかに色づき始める。このような場所でカメラのファインダーを覗くと、筆者のように何でもすべて画面に入れようとする欲張りな性格では、より広角側のレンズが良いように思えて、気が付くと肝心な電車は豆粒のように小さくなっている。
北野 ― 大城 S56.9
(N24/2.8, KM)

甘木の春

■甘木は福岡の都心より南東へ約 30km、現在は観光地として名高い城下町の秋月の麓に位置する。甘木は福岡と同じ“筑前”に分類されるが、筑後平野の東端に栄えた町である。市町村合併により平成 18 年に甘木市は朝倉町と杷木町を含めて朝倉市となった。このあたりも“筑後”の例の漏れず、戦前は朝倉軌道や両筑軌道の軽便線が道路上を走り、甘木市を通る“朝倉街道”沿いにはかつての停留所の痕跡と思しき場所が不自然に拡大された道幅の様子から窺えるところもある。甘木の町をとり囲む田園地帯の春は菜の花が咲き乱れ、自然と調和した光景に心が和む。西鉄電車が福岡の都心からこのような雰囲気の場所まで路線を伸ばしているのが不思議に思えるくらいだ。最近惜しまれつつ姿を消した定評のあるフィルムによる撮影であるが、現在のフィルムに比べると粒状性に劣り、手前の菜の花の輪郭が一層汚く描写されているのが残念だ。馬田－甘木 S54.3 (N35/2.8, EPR)

終点の甘木の手前で線路は右カーブを描いて国鉄甘木線（現在の甘木鉄道）と並走するようになります。春は菜の花が咲き乱れ、このあたり一帯が楽園のような雰囲気でした。木製電柱も最近では滅多に見ることはありませんが、この区間の景色によく調和していました。国鉄甘木線の晩年はほとんど朝夕しか列車が走らず、また筑後小郡で大牟田線と交差するのですが、お互いの駅の位置が離れており乗り換えが不便なこともあって利用客は非常に少ないものでした。とくに昼間の福岡方面へはバスで行くか、朝倉街道駅までバスで行って大牟田線に乗換えるか、西鉄甘木線を利用して宮の陣で本線に乗換えるかの選択肢しかありませんでした。第三セクター化後の甘木鉄道ではこれらの問題点が改善されて乗客数も急増しました。甘木は筑後平野の東端に古くから発展してきた町ですが、かつて多くの軌道がはり巡らされていた筑後平野の例に漏れず、戦前は現在の日田方面に向かう道路上を朝倉軌道が杷木まで通っており、甘木より南には停留所があったと思しき集落で不自然に道が膨らんでいる場所があります。また筑前の小京都と言われる城下町の秋月も近くにあり、その昔は秋月へも軌道が延びていました。

■甘木の手前で右にカーブすると終点も近い。国鉄甘木線も基山を起点とし、かつての特攻基地で有名な大刀洗を経由して接近してくる。国鉄の列車に出会ったことはほとんどなかったのであらためて調べてみると当時は朝夕を中心にわずかな本数が走るのみであった。西鉄電車は久留米との間を30分間隔で走っているので、多くの人が西鉄を利用していた。写真では黄色い菜の花に農夫と耕運機の赤が良いアクセントになった。4両編成の200系は1両が両運転台のモで両側とも非貫通、3両がモ＋サ＋モの連結面貫通の編成であったはずだが、すでに4両固定化されて、すべて貫通となっていたようだ。幅が狭いながらも貫通幌を取付けた丸い車端はとてもユニークな姿であった。馬田－甘木 S54.3（BN200/4, EPR）

■モ200とク60の2両編成を2組併結した珍しい編成である。それにしても200ミリレンズの開放絞り付近での周辺光量の低下が目立つ。この点以外は申し分のない優れたレンズなのだが。馬田－甘木 S54.3（N200/4, KPA）

秋
最後の日差し

古賀茶屋（こがんちゃや）付近には小さな川を斜めに渡る鉄橋があり、こじんまりと纏まった箱庭のような風景がありました。西を向いた電車の正面にこの日最後の赤い光が当たります。

■柿の木を囲む黄金色の稲穂が美しい場所であったが、電車が来る直前になって日の入り前の太陽が薄い雲に隠れてしまい、6×6判では条件がきびしい撮影となった。手前の稲穂にもう少し表情が欲しかったが、これ以上絞って深度を稼ぐことはできなかった。この200系の先頭車は車体の鋼板を張り替えてある。古賀茶屋－北野 S56.10（BN75/2.8, ER）

■当時の国産リバーサルフィルムは非現実的な発色をしたり、色に締りがなかったりで、定評のある現在の同じメーカーのフィルムとは比較にならない性能であった。曇り空に一瞬だけ夕日がさした瞬間で画面全体が赤く、印象としてはこのような感じであったが、コスモスの葉が黒ずんでいるのはやはりマゼンタに偏り過ぎているせいであろう。もちろん現像後の褪色の影響もある。200系の正面に光が当たっている姿が本当に美しかった。古賀茶屋－北野 S56.10（BN200/4, R100）

■朝のラッシュ時に一往復のみ大善寺まで乗入れていたことを除けば、甘木線の電車の起点は久留米から大牟田方面へ一駅の花畑であった。花畑はかつて単線の福島支線との平面交差があり、当時に想像をめぐらすと興味の尽きない神秘的な場所であった。花畑 S50.10（N35/2.8, KⅡ）

■花畑駅では折返し運用の200系が停車しているので通過する電車と組み合わせて撮影することができた。あたかも特急が停まっているように写っており、6×6判で狙ったシャッターチャンスも決して褒められたものではないが、記録しておきたい1枚であった。花畑 S52.10（BN75/2.8, ER）

■わらぶき鋼体化？の屋根、白壁の家、煉瓦の煙突、木造建築の壁に貼られた清酒の看板など、まさに絵に描いたような昭和の景色の中を走る。北野－大城 S56.10（N24/2.8, EPR）

大牟田本線（つづき）

積雪

ここで本線に復帰します。筑後平野は福岡県と佐賀県の県境に連なる背振山系の東側に位置し、天気も福岡市内とは異なることがよくあります。とくに背振山系の山裾側は雨が多く、冬には積雪がよく観測されます。当時の福岡では12月から1月にかけてと3月初旬に積雪が観察されることが多く、市内で雪がうっすら積もる程度であっても、ここまで来ると大雪であったりします。雪には慣れていない九州ですが、訪問時には西鉄電車が時間どおりに運転されていたことが印象的でした。

■雪の宮の陣を後にする大牟田行き普通の1300系。吊り上った窓が雪にも負けず頑張っているように見える。このあたりは平野部にもかかわらず、背振山系の山裾が近いせいか雨が多く、冬には積雪もよく観察される。宮の陣 S56.1（N600/5.6, KM）

■甘木線から本線に入ってきたク60の後姿。古巣の大川線の起点であった大善寺までの朝1往復のみの運用である。元博多湾鉄道汽船のガソリンカーで、まさに国鉄の戦前型気動車キハ04に似た面構えであるが、幕板が広く側窓の大きい独自のスタイルをしている。類似の車輌に大分交通耶馬渓線のキハ101～104が存在した。同じ雪景色でもフィルムの種類や露光量により発色は大きく異なる。この写真はコダクロームを使用した結果である。宮の陣 S56.1（N600/5.6, KM）

■雪の夜明けに雪煙を上げながら303形がテールライトの赤い光を拡散させて端間駅を去ってゆく。600mmレンズを使用して、直線区間の後追いで何枚かを撮影することができたが、寒さや寝不足でカメラの操作がなかなか思うようにゆかず、ピントがシャープなものは一枚もなかった。ひょっとしてレンズの前面に付着した雪が融けてレンズ状になり、ピントを崩したのかもしれないが、事前にチェックする余裕などはとてもなかった。以来、何度も積雪のチャンスはあったが、撮影の大変さにずっと尻込みしている。端間－味坂 S55.12（N600/5.6, ED）

■朝の通勤時間帯が始まろうとしている。柳川始発の2000系福岡行急行の合間に300系が花畑で折り返して再びやってきた。幸い雪も止み、まわりが明るくなったので撮影は楽になったが、雰囲気はかなり損なわれてしまった。端間－味坂 S55.12（N600/5.6, ED）

■ほんの一区画であったが端間の直線区間を見渡すことのできる水田にレンゲが美しく咲いた年があった。できるだけ広くまわりの景色を取り入れて目当ての 1300 系がやって来るまで待った。何故もっと大きなフォーマットのカメラで撮影しなかったのかと悔いが残る。端間一味坂 S60.4（N24/2.8, EPR）

■ 1300 系も旧特急色から塗色変更が行われたが2扉・非冷房のままで頑張り続け、普通電車として最後の活躍を見せていた。2編成がともに運用に入っておれば何度もすれ違うので、伝統的に利用客にも配布されているダイヤグラム上を辿ってゆくと、この日は柳川の南の塩塚で交換することがわかった。ここは単線区間で、駅に上下の電車が綺麗に並ぶ。前面窓の形状も特殊であるが、側面の大きな縦長の連続窓や屋根コーナの R が小さいのも魅力的な車輌であった。塩塚 S60.6（N24/2.8, EPR）

本線の第二の撮影地は田園の中を約 2km の直線で駆け抜ける端間－味坂 間と思います。並行して九州自動車道が建設されたのをはじめ、線路の東側に流れている宝満川の堤防があらためて道路として整備され、やや雰囲気が損なわれましたが、それでも電車の編成をすっきりと捉えることのできる素晴らしい場所です。春にはレンゲ畑が見られることもあり、一面ピンク色の絨毯が青空と美しいコントラストを見せていました。夕方には南方向に向かって半逆光気味となり電車の車体が徐々に輝いてきます。端間駅では線路がカーブしており、改札口の前の道路脇からカメラを構えると、長い直線区間を真正面から捉えることができます。駅員さんの目には西鉄の会社から派遣されたカメラマンに見えたらしく、声をかけられたので黄色の特急を撮りたい旨を伝えると、どの時刻の特急に入っていたのかを教えていただけたこともありました。近年は信号機器が手前に設置されて覗ける範囲がごく限られてしまいましたが、この区間では伝統的に急行列車どうしがすれ違うこともあり、きっと素晴らしい光景がこれからも展開することでしょう。

■ 2000 系は特急の座を 8000 系に譲った後もときどき特急運用に入っていた。久しぶりに端間を訪れると菜の花が咲き乱れる小雨の中をすでに 3 扉化された 2000 系の特急がやってきた。特急で運転されている 2000 系を見ていると、格下げ・3 扉化というような印象をまったく感じさせない往年の風格がある。端間－味坂 H13.4（N200/4, RVP）

春の筑後
― 端間 ―

■田植が終わったばかりの水田の中を300系の5連が走る。右から2台目の中間電動車は旧600系の下回りとバス窓の新製ボディを組合せた昭和36年川崎車輌製のモ326・327のいずれかで車体長は18m。この両端のモとクは昭和23年6月汽車会社製・運輸省規格型のモ303形とク353形で車体長は各17m、左側2両のモとクは同年10月製造のモ308形とク358形で、モが汽車会社製、クは日本車輌製。これらはともに車体長が18mに延長されている。モ308形の幕板上下幅がク303形のそれよりも短く、さらに屋根頂部高さも90mm低くなっているため、モとクのペアで車体形状が明らかに異なる。汽車製のモ303形とモ308形で車体断面形状が変更されたのに対し、日本車製のク358形では汽車製ク353形を忠実に車体延長したような形状となっているのは大変不思議だ。逆であれば理解できるのだが。端間－味坂 S56.7（N24/2.8, ER）

■夏の夕日が端間の集落を部分的に照らし、暑かった一日が終ろうとしている。通過する2000系特急に夕日が最後の輝きを与える。端間－味坂 S56.7（N24/2.8, ER）

■収穫を終えた田園に干俵が並ぶ。線路脇に美しい彩りがあるのはこの頃までで、このあとは筆者も３月の撮影再開まで春を待ち続けることになる。
端間ー味坂 S56.10（N24/2.8, EPR）

夏と秋の筑後　— 端間 —

何時間も待った結果

端間ー味坂間は非常に眺めの良いところで、遠くに高良（耳納）山系の連山を望む広大な田園の中を特急や急行が全速力で駆け抜けてゆきます。駅から５分も歩けばこのような光景を目にすることができるので、かねてより頻繁に通っていました。長い間撮影していると、おのずと好きな電車というのが定まってくるもので、その電車を１度撮影した後も引き返してくるまでじっと同じ場所で待つことが多いものです。すでにお目にかけた元特急車の1300系はいつも最大の撮影目標になっていました。この区間の線路は昔の河原の表情を残す宝満川の土手とほぼ並行に敷かれており、堤防上の道路を走る車の数も年ごとに増えてゆきました。しかし撮影条件は目標の電車が来る頃に最低となるのが常で、電車の通過直前に太陽が隠れて通過し終ると同時に再び陽が照り出すというのはよく経験することです。このような理由により写真がうまく撮れなかったときに、電車が大牟田まで一往復する３時間以上も待ったことがありました。そしてやっと遠くに見えたかと喜べば、背後の堤防上に銀色の大型貨物トラックが電車の少し前にピタっと貼り付きながら、電車と同じ速度でやって来るではありませんか。この日の夕方は半逆光で電車の車体側面が輝く最良の条件でしたが、トラックの巨大な銀箱のほうが電車よりもよほど輝いていました。諦め切れずに今度は福岡を往復してくるまで待とうと時刻を調べると、すでに真暗になっている時間帯であることがわかり、泣く泣く帰途についたという苦い思い出があります。

冬の朝

■かつて冬の朝は福岡でも氷が張ったり霜柱が見られたりしたものだ。冬の早朝はなかなか外に出にくいが、早起きして津古駅に行ってみた。再開された掃除に余念が無い駅員さんを後に、100系が去ってゆく。ブルー一色の世界に赤い二灯のテールライトと赤に変わったばかりの信号機が輝く。100系が坂を登り切ったところで、柳川始発の2000系急行とすれ違う。早朝の上りは福岡への通勤客輸送のため停車駅の多い急行が設定されている。津古－三沢 S56.12（N1200/11, ED）

西鉄福岡駅の思い出

福岡駅はかつて岩田屋百貨店に隣接した地上にありました。昭和36年に高架駅が完成しますが、それまでは少し大牟田側に寄ったところに仮駅が設けられていました。仮駅はホームの床に至るまで木の角材や板材のむき出しで作られており、表面にカンナがかけられていて非常に美しく明るい雰囲気でした。落成した高架駅の下にはバスセンターができて、非冷房ながらクリーム色とバラ色の塗色に筆記体で書かれた“Express”の文字も誇らしげな筑豊方面などへの急行バスや、国鉄の特急列車によく見られたワッペン形の表示に“くじう”と書かれたベージュと薄茶色の九重行きの冷房特急バスなどが発車してゆきました。高架駅は落成当時から長い間5線5ホームで使用され、到着した電車は出発までの停車時間が比較的長く、乗客は好みの座席をゆっくり選ぶことができました。しかし利用客の増加とともに電車の編成が長くなり、ホームを延長して最終期には3線に改修されて折り返し時間も短くなりました。

ところで昭和30年代の中頃に西鉄福岡駅で興味深く見ていた電車前面の表示板の仕様は、子供の頃ながら今でも覚えております。福岡は白地に黒文字で水色の全周縁取り、大牟田は黒字に白文字で白の全周縁取り、大宰府は白地に黒文字で紅梅にちなんだピンク左右縁取り、行先は定かではありませんが（甘木？春日原？）白地に黒文字で山吹色の左右縁取りのものもありました。急行は別表示で黄色地の菱形に細い黒ラインによる全内周縁取を施したものと、同じような仕様で白地で矩形のものとがありましたが、いずれも赤で“急行”と書かれていました。しかし青地に全周白縁取りで“特急”と黄色で書かれた表示版を発見して驚いたのはずっと後になってからのことで、少くとも当時の昼間は1000系以外の車輛が特急運用に就いていることは非常に稀だったのではないでしょうか。

■昭和36年に新しい高架駅となった西鉄福岡駅は久しく当初の5線で使用されており、到着した電車はいずれも比較的長く停車した後に折返した。晩年はホームの拡幅と延長が行われて最終的に3線となっていた。多くの利用客が親しんだこの駅も平成9年に新駅となってやや南側に移動し、完全にビルの中に入った。600系は昭和37年の導入に始まり、増備は約10年間、昭和47年の9次車まで続いた。冷房化は昭和47年末より行われ昭和51年で完了している。前面上部への方向幕の設置とそれに伴う前照灯の移設・交換は昭和53年より行われた。2000系もまだ特急現役当時の姿である。西鉄福岡 S56.12（BN50/2.8, EPR）

■昭和50年に5000系が導入された後も20系や100系の旧型車が依然として数多く残っていた。非冷房で通したこれらの車輛では600系などと比べても相当な格差があったが、特急や急行との乗継ぎのために長距離の大牟田行普通に使用されることも結構多かった。西鉄福岡 S52.10（BN50/2.8, R100）（BN50/2.8）

■福岡駅に到着する1300系特急。精悍な独特の顔つきで、筆者にとっては1000系を抜いて、最もカッコよく見えた。S48.3

■1300系が現役で大活躍の頃のシーンで、福岡駅に急行で到着した。4両とも電動車で編成された1000系（1000形・1100形・1200形）に比べて、1300系では中間の2両のみが電動車で、1編成分の出力が70%程度であった。このためか1000系よりも急行運用に入る確率はやや高かったように思えた。しかし旧600系から受け継がれた先頭車のクロスシートのピッチは非常に広く、まるで国鉄の"1等車"のように一人で大きな窓1個を占有できた。S48.3

■見慣れた1000系特急の姿。竣工時は一般車輌と同じベージュ／マルーンのツートンカラーで、最後の1編成を除く5編成の竣工時まではまだ特急列車の設定はなく、急行用という位置付けであった。昭和48年まで特急用として4両編成・非冷房のままで活躍した。格下げ後は塗色変更・3扉化・冷房化が行われた。昭和36年に高架化された福岡駅の1番線は半ば特急専用であり、何度もここから特急に乗った記憶がある。S40.7

■1000系特急と1300系急行の並びもよく見られたシーンであった。丸形の急行表示には区間が福岡－久留米となっている。白地に紺色の縁取り、赤で"急行"と書かれていた。S48.4

■20系もたまに急行で運用された。しかし20系と同様に専ら各停運用に就いていた晩年の100系については、急行運用を見た記憶はない。S50.10

大牟田線
思い出の車輌

すべて西鉄福岡駅にて撮影

■ 600 系のみによる特急・急行・普通の勢揃い。600 系にもいろいろな形態があり、後年まで方向幕を持たない車輌も存在した。S48.4

■ 500 形は昭和 17 年末に 2 車体 3 台車の連接車として竣工し、戦前に竣工した京阪電鉄の 60 形「びわこ」号とともに、日本の高速電車史上に残る車輌であった。昭和 23 年に短い車体の中間車を組込んで 3 車体 4 台車となり、2 編成が最終的に 501A ～ C・502A ～ C と付番されていた。特徴的な車輌であったが定員も少なく、100 系や 20 系よりも早い昭和 49 年に廃車となった。右の留置線上の 300 系編成の 4 両目は旧 600 系の中間電動車であり、モ 324・モ 325 のいずれかである。また手前の 2 両を見ればわかるように、308 形のクとモとでは何故か幕板の広さが異なる。3 両目はク 303 形である。S47.3

■ 100 系の特急かと一瞬驚いたが、唯一 600 系に編入された珍車ク 653 であった。この編成も他の 600 系と遜色なく運用されていたと記憶するが、一般乗客にはどのように映ったのだろうか。写真はぎりぎりで出発に間に合わなかった乗客の姿だが、笑顔には当時の余裕が窺える。S48.4

■ 100 系には車体更新を受けてバス窓になったものも現れた。米国の PCC トラムなどを見ればわかるように、バス窓の上段窓は立席用で下段窓から完全に分離されていたはずだが、日本ではバス用も含めて両者が隣接している。S47.3

■ 100 系ク 156 号改造のク 653 を組み込んだ 600 系編成。本来の 600 系の車体長が 19m であるのに対し、ク 653 では 15m と短く、台車はコロ軸受への変更がなされたものの 100 系時代の釣合梁台車のままであった。片側の貫通路は 600 系に合わせて拡幅されていた。ク 653 は昭和 37 年から昭和 50 年の廃車までの 13 年間活躍した。一方、相棒のモ 603 はこの後に貫通部分を狭幅化して編成単位の 3 連化に供された。S48.3

■ 300 系のうち、モ 301・ク 351 とモ 302・ク 352 の 2 編成は昭和 14 年の大牟田までの全通時に急行用として導入されたロマンスカーで、それぞれ昭和 52 年と 50 年の廃車時まで二扉で終始した。狭窓がずらりと並んだ側面にかつての栄光が忍ばれる。出力を抑えたためにモの車体長 18m に対してクは 2m も短い 16m であった。S47.3

1000系とのお別れ
旧特急色の復活

昭和30年代から40年代にかけて長い間、特急や急行として活躍した1000系ですが、昭和40年代の後半になると4両編成による輸送能力の限界や冷房化の問題が生じ、当時は6連・冷房化の話も巷ではうわさされましたが、結局は昭和48年5月に登場した2000系にその座を譲って特急運用から離脱しました。5000系の登場以降は車体色も順次一般車のアイスグリーン色に赤帯となり、車内をロングシートに改装された姿からはかつての栄光を知る由もありませんでした。平成13年3月、最後まで残った"1101"編成が廃車になる直前に、色だけですが旧特急色に変更するという粋な計いがなされ、わずか二週間程度の各駅停車のみでの運用ではありましたが、慣れ親しんだ大牟田までの本線全区間で最後の活躍をしました。利用者や沿線住民にはこの電車の色に親しみを覚えた方々も多く、大いに注目を浴びていました。

■かつて国鉄佐賀線との立体交差のあった矢加部駅に進入する復活特急色の1000系1101編成。矢加部 H13.3（CD35/2.8, RVP）

■久留米方面より大善寺に到着する復活特急色の1000系。近くの主婦が撮影に来ていたので声をかけてみると、かつての特急がとても懐かしいとのことで、沿線住民にもこのカラーには強い愛着があるようだ。塗色はかつての特急色よりもやや彩度が高く透明感のあるブルーのように感じられた。安武－大善寺 H13.3（CD28/2.8, RVP）

■春もまだ浅く、日中でも肌寒さを感じる季節であった。かつて国鉄佐賀線をオーバークロスしていた矢加部の築堤をゆっくり登ってくる。ここは単線区間でありながら特急時代は全速力で駆け抜けた区間だ。蒲池－矢加部 H13.3（CD28/2.8, RVP）

■矢部川鉄橋定番のアングルで捉える。かつて頻繁に通っていた頃から約 20 年が経過していたが、この場所の景色はほとんど変化していない。少し船の数が減ったように感じられるのは丁度出漁中なのであろう。近年、川の中に立っている竹竿が朱色の樹脂被覆のものになり、自然の色彩との調和がやや損なわれてしまった。西鉄中島－江の浦 H13.3 (CD28/2.8, EVS)

■堤防を探すと上流側の少し離れたところに菜の花が咲いていた。広角レンズで全体を入れてみたが、昔からあまり変化していない南筑後の原風景の雰囲気に驚かされる。この写真を見ているとまた通いたくなってしまう。西鉄中島－江の浦 H13.3 (CD28/2.8, RVP)

■撮影地点より約2km先を2400mm相当のレンズで捉える。かつての特急色をまとった1000系が天から降りて我々のもとに帰ってきたかのように見える。まるでスペースシャトルの帰還シーンを見ているようだ。近づいてくると普通の写真に近くなるが、画角に対して非常に小さな角速度で近づいているにもかかわらず、ファインダー像が見えないほどレンズが暗く、低速シャッターしか切れないため完全には止まらない。この焦点距離にしては色再現が良いのはフィルムの進歩のおかげである。端間－味坂 H13.3（N1200/11+TC2, EVS）

陽炎の彼方より

■端間－味坂間は長い直線が続くことに加えて、この直線区間で頻繁に急行列車どうしがすれ違うという情況は現在も同じである。3扉化改造などですっかり地味な存在になった元特急車の2000系であるが、花畑までの急行運用に入っていることが多く、特急時代と変わらない美しい色彩を直線区間で長い時間見せてくれていた。端間－味坂 H13.3（N1200/11+TC2, RVP）

焦点距離へのチャレンジ

端間駅の改札口を出ると正面には一直線に線路が続いているのが見えます。ここでは望遠レンズで電車の真正面を捉えることができるのでよく通ったものです。しかし手前のカーブの外側に信号機器等が次第に増えてゆき、1000系お別れ運転の際には機器の隙間からかろうじて覗ける程度になっていました。したがって超望遠レンズの使用は必須ですが、ほぼ南に向ってのアングルなので、晴れの日はほとんど終日逆光となる上に、遠くが霞んで鮮明に撮影することはほとんど不可能でした。それならばと1200mmレンズにテレコンバーターをつけて2400mmや4800mmの世界を試してみることにしました。もとのレンズが暗いので、テレコンを1個連結するとF22程度となってしまい、晴天の昼間でも1/30秒のシャッターを切らなければなりませんでした。簡易的に凹レンズを加えて焦点距離を伸ばしただけのレンズのシャープさが心配されましたが､陽炎の中での撮影ということで割り切ることができました。しかしファインダーが非常に暗く、狭い画角の狙いのアングルを探すのも一苦労でした。やがて遠くから1000系の旧特急復活色が見えてきましたが､なんとまだ地面に足がついておらず、まさに天から降りてきたような画像がかすかに見えました。福岡天神到着後は折返しで筑紫車庫に入庫するため、この写真が最後の撮影となりました。この電車が再び天に帰ってゆく姿を見届けることができず、今でも近くにいるような気がします。

■運行期間もいよいよ終りに近づいた頃、福岡天神駅で「さよなら 1000 系」の出発式が行われ、ささやかな儀式ではあったがファンの一人として大変嬉しかった。背後ではかつて使用されていた実物の特急表示板を持参して、記念撮影をする家族も。福岡天神 H13.3（CD28/2.8, RVP）

■さよなら 1000 系の運行は朝、筑紫車庫を出て福岡に向かい、大牟田まで 2 往復して夜、筑紫に戻るというパターンであった。すべて普通電車としての運行がやや残念であったが、車内では女性職員が乗務して記念の「よかネットカード」を販売するというサービスも行われた。早春の筑後路をゆったりした車内で存分に楽しむことができた。西鉄二日市 H13.3（F35/2.8, RVP）

1000 系の思い出をプレゼント

1000 系は昭和 32 年から 35 年にかけて新造された急行用の車輛で、昭和 34 年 5 月 1 日には初めて特急電車が運転され、大牟田線に新しい時代がやってきました。竣工直後にはじめて城東橋の平面交差で見たときには、それまで見慣れていたクリームとマルーンのツートンカラーでしたが、丸みを持った車体、アルミサッシの大きな窓、市内線との平面交差を渡る音の軽やかな響きなど、すべてが感動的なものでした。特急運転開始後に車体が美しいブルーに黄色の帯となり、西鉄特急電車のシンボルカラーとして広く乗客や沿線住民に親しまれてきました。1000 系の増備に際して 1100 形からは空気バネ台車を採用し、また 1201 編成のみでしたが一段下降窓が採用されるなどの変化を経て、1000 形・1100 形・1200 形合わせて計 6 編成が揃いました。一方、昭和 26 年の竣工以来専ら急行用として使用されてきた旧 600 系は特急増発に際して、昭和 36 年に特徴ある流線型先頭車をうまく生かして新造の中間電動車を組合わせることにより 1300 形として整備されました。これにより計 8 編成すべての特急車輛が出揃いました。しかし 4 両編成による輸送能力の制約や、当時急速に普及し始めた冷房装置が装備されていないことなどの理由により、昭和 48 年 5 月に新しい特急の座を新造の 2000 系に譲ることになりました。この 2000 系特急も黄色に赤帯の美しい色彩で、現在でもその姿を見ることができます。この後 1000 系は、一般通勤車の色として昭和 50 年 10 月登場の 5000 系に初採用されたアイスグリーン色に赤帯を配した塗色となり、さらに 3 扉化・冷房化・ユニット窓化などの改造を受けて、地味ながらも大牟田線の普通電車を中心に活躍していました。しかし新しい通勤車輛の増備により順次廃車が進み、最後まで残った 1101 編成の廃車に際して昔の特急色に復元され、平成 13 年 3 月に普通電車ではありましたが、西鉄福岡－大牟田 間の全区間でさよなら運転が行われました。かつての特急時代の華やかさとは程遠い姿の 1000 系を日頃から見ていたファンのみならず、利用者や沿線住民の多くがこの最後の晴れ姿をとても懐かしく感じ、永遠の旅立ちを祝福していたようでした。

1000 系
お別れ
イベント

■大牟田から普通電車として福岡駅に到着した 1000 系。当時を知る人も知らない人もみんながこの電車に注目していた。かつて 1 番線に特急として長時間停車していた時代とは異なり、現在の福岡駅はホーム幅と長さを大きくとって 3 線となっており、どの電車も折り返しまでの停車時間が短い。最後の晴れ姿を多くの人々に披露するために長時間停車して貰いたかった。福岡天神 H13.3（CD28/2.8, RVP）

■平成 15 年 11 月下旬～ 12 月、クリスマス号が 3 回目に運転された際のデコレーション。初年からクリスマス号の週末は残念ながら特急ではなく花畑行や西鉄小郡行の急行を中心に運用された。とても 12 月とは思えないような爽やかな青空の下、冬とはいえ昼の気温はかなり上がり、通い慣れた筑紫路に鮮やかな 2000 系の晴れ姿を披露した。端間－味坂 H15.12（CP50/1.4, RVP100）

■運行 2 年目となった平成 14 年のクリスマス号は前面のデコレーションが省略されて側面のみとなったが、紺色ベースの洒落たイラストはクリスマスの雰囲気を巧みに演出していた。このクリスマス号には 2031 編成が充当されたが、現在も活躍している最後の 2 編成のうちの一つである。クリスマス号の運転は平成 17 年 12 月までの 5 年間であり、以降の「天神のクリスマスに行こう」キャンペーンは同期間中の天神地区の整備のほうに重点が置かれているようだ。端間－味坂 H14.12（CD35/2.8, RVP）

比較的最近の話ですが、平成 13 年の 11 月末から 12 月にかけて、天神地区のクリスマス商戦とタイアップした企画「天神のクリスマスに行こう」キャンペーンの一環として、二代目の特急車として活躍した 2000 系にクリスマスデコレーションを施した「クリスマス号」が運転されました。急行運用が基本で、初年度のみ上りの大橋－福岡天神間でたくさんのサンタクロースが電車に乗り込み、子供へのお菓子のプレゼントや福岡天神駅での記念撮影会なども行われました。しかし 2005 年の 12 月を最後にクリスマス号の運転は行われておらず、近年では 2000 系の廃車も進んでさびしい限りです。

■運行初年の平成 13 年のみであったが、クリスマス号の福岡天神到着に合わせて、大橋－福岡天神 間にサンタクロースが乗車し、車内にはクリスマスソングが流された。また子供にはお菓子が配られ、福岡天神駅では記念撮影会も行われた。福岡天神 H13.12（CD28/2.8, RVP）

“天神のクリスマスに行こう”

クリスマス号運転

■福岡天神駅での記念撮影会の一コマ。福岡天神 H13.12（Ricoh Hi-Color 35, RVP）

■クリスマス号運転初年、大橋駅で大きなお菓子の袋を持って乗り込むサンタクロース。若いお嬢さんたちのサンタクロースも直前の電車で福岡天神から一旦、大橋まで移動して乗り込んだ。この“2041”編成は復元されることなく 2000 系で最初の廃車例となったが、最後を祝福されてよかった。大橋 H13.12（CD28/2.8, RVP）

大宰府天満宮 御神忌 1100 年大祭

■鮮やかな太い赤帯が特徴の大宰府天満宮御神忌 1100 年大祭編成。平成 14 年は菅原道真公の没後 1100 年にあたる。大宰府天満宮にちなんだ電車としては毎年 2 月から運転される福岡からの直通急行「とびうめ号」が有名な存在で、大牟田線の年中行事として毎年福岡天神駅で出発式が行われている。また近年ではラッピングによるデコレーションが普及し、5000 系・6000 系・8000 系に小鳥のデザインを施した「人権号」なども走っていた。端間－味坂 H14.12（CD35/2.8, RVP）

鉄路の遺構　三井電気軌道線・大川線

■西鉄甘木線の前身である三井電気軌道の筑後川橋梁。道路との併用軌道として使用されていた。煉瓦橋脚がまことに優美である。西鉄の前身の一つでまだ久留米までしか開通していなかった九州鉄道との合併は大正 13 年に行われ、昭和 17 年に西鉄の三井線になってからも、昭和 23 年の宮の陣－日吉町の廃止時まで使用されていた。以降、久しく道路橋として昭和末期まで使用され続けた。写真の対岸は久留米の町で、廃止された路線は櫛原で大牟田線を渡り、日吉町から福島へ向かうのちの福島線に続いていた。S56.10（N24/2.8, EPR）

■大川線の数少ない遺構として、小川が筑後川に合流する地点に架けられた鉄橋の橋台・橋脚が残る。遠くに国鉄佐賀線の筑後川昇開橋のトラスを望む。大川線は大善寺から数多くの造り酒屋、瓦や和傘の製造で有名な城島を経由し、筑後川東岸の堤防上に出て西鉄大川まで走っていた。河川の改修工事開始に伴い、昭和 26 年 9 月に運行を終了している。S56.12（N24/2.8, EPR）

■上の写真撮影から約 25 年間が経過し、久しぶりに城島から大川にかけての筑後川の雰囲気に接することが叶った。しかし堤防上の道路のすぐ横に見えていたはずの大川線鉄橋の遺構を探すもまったく見当らない。諦めかけていたところ、広い川原の葦がほんの一部のみ刈られて濁った水溜りになっているところに釣り糸を何本も垂らしている光景が目に留まった。不思議に思って通りかかった御年配の方に尋ねてみると、大潮の満潮時に近づくとウナギが葦を掻き分けてこの水溜まりに集まってくるので、多いときは十数匹も釣れるのだという。なかなかうまく考えられた漁法に感心しながらも大川線の遺構のあった場所を尋ねると、「昔はわしらもよう乗りよった。鉄橋の跡は下流にまだ残っとるよ…。」ということで、すぐに場所を特定することができた。半信半疑で現地に行くと、草に隠れていて見落とすのも止むを得ないような場所に奇跡的に遺構が残っており、大いに感激した。脇にはいつの間にか一本の大きな木が立っており、まわりにはボートも繋留されているなど、まるでオアシスのような雰囲気である。土砂に埋まりつつあるが 1 対の煉瓦橋台もその間の 4 本のコンクリート製橋脚も完全かつ自然な形で長い時の流れに耐えていた。しばらく眺めていると小さな汽車がこの橋を渡っていた頃の光景が浮かんでくるようであった。超広角レンズを使用してなんとか全体を収めた。H21.9（N20/3.5, RVP100）

北九州地区と宮地岳線を除けば、戦後の混乱期が終わった頃の西鉄の鉄道路線は、大牟田本線、甘木線、大宰府線のほかに、大善寺－西鉄大川 間の大川線、久留米の日吉町－八女の福島 間の福島線、さらに大牟田市内線がありました。大川線は大川鉄道として大正元年に現在の JR 久留米駅の南西側に隣接していた縄手（のちの上久留米）から津福・大善寺・城島を経由して若津まで、さらに大正 10 年に榎津（のちの西鉄大川）まで開通しました。昭和 12 年に西鉄の前身の一つである九州鉄道に合併するとともに、大正 13 年の九鉄福岡－九鉄久留米 間の開業、昭和 7 年の津福までの延伸に続いて、大川鉄道の津福－大善寺 間を改軌・電化することにより、福岡から九鉄柳河までの開通が実現しました。翌、昭和 13 年には九鉄中島、九鉄栄町と延伸し、大牟田まで全通したのは昭和 14 年のことでした。一方、旧大川鉄道線は二つに分断されることになり、昭和 17 年に西日本鉄道が発足した後も、それぞれ上久留米線、大川線として存続していました。しかし昭和 23 年 7 月の上久留米線の休止（のちに廃止）に続いて、筑後川の河川改修のために一部路線の移設を強いられることになる大川線の運転を昭和 26 年 9 月に休止（のちに廃止）しました。昭和初期まで海運をはじめとする交通の要所であった若津へと向かう列車を実際に見ることこそ叶いませんでしたが、小さな川が筑後川に流れ込むところに大川線の煉瓦橋脚が残されているのを見て、堤防の上をのんびり走っていた小さな汽車の姿を想像したりしました。実際に現地で観察してみると、大川線の橋脚はたしかに堤防の位置よりもかなり低いところにありました。かつて若津には佐賀、羽犬塚、柳河方面からの道路上を通って軽便軌道が到達しており、繁栄の様子が現在も町に残されている当時の立派な建物から窺い知ることができます。今回久しぶりに現地を訪問しましたが、奇跡的に鉄橋の遺構がそのまま残っており大変感激いたしました。新しい水門ができて土砂でだいぶん埋まった感じですが、一対の煉瓦橋台とその間の 4 本のコンクリート橋脚が生き証人のようにここに鉄道が通っていたことを現在に伝えています。この遺構を見に来てくださいと言わんばかりに一本の大きな木が脇に立っており、まわりにはボートが繋留されていて葦が無造作に茂る筑後川の河川敷にあってはオアシスのような雰囲気です。現存する大川線最大の遺構ですので、地元による早急な保存対策が望まれます。この場所は佐賀と柳川を結ぶ国道の大川橋東岸より堤防に沿って城島方向に 1km 余り、中古賀の新川水門のたもとにあります。

一方、旧三井電気軌道の甘木に至る路線は大部分が現在も甘木線として利用されていますが、丸くて小さな電車で有名な 200 系が走っていた昭和の時代までは、宮の陣－北野 間には十分に緩和されていない起伏や曲線が存在し、「学校前」というようないかにも路面電車の電停を思わせる名称などに昔の面影を強く残していました。この区間は大正 4 年にまず宮ノ陣橋－北野 間が開業し、その後大正 10 年に甘木まで開通しました。しかし久留米側は日吉町から渕ノ上までは大正 5 年に開通していたものの、筑後川を渡る渕ノ上－宮ノ陣橋 間が開通して甘木まで全通したのは大正 13 年で、同年の九州鉄道との合併直前でした。昭和 17 年の西日本鉄道の設立を経て、昭和 23 年に宮の陣－日吉町 間が廃止されるまでは、現在の大牟田本線の筑後川橋梁の東側を渡っていました。同じ三井電気軌道の路線として甘木方面より早く大正 2 年に開通していた福島－日吉町 間は甘木方面との分断以降も福島線として昭和 33 年 11 月まで運行されました。幼少の頃に久留米の百貨店に連れられて行ったことが 2 回記憶に残っており、西鉄の久留米駅から国鉄駅方向への広い道路の南側、百貨店の少し手前の商店の並びが途切れた狭い空間に停留所がありました。紺色系の路面電車がうっすら記憶にありますが、実際はどうだったのでしょうか。電車の形はのちに福岡市内線に移籍した 200 形でした。その昔、この路線が南側に続いていて、櫛原で急行電車を交わしてトラス橋を渡り、甘木に向かっていたことを知ったのはずっと後になってからでした。また花畑では急行電車と平面交差し、未舗装の 3 号線上を埃を巻上げながら茶の産地で有名な八女の中心、福島まで走っていたことも知りました。甘木側で筑後川を渡っていた鉄橋は道路橋として昭和晩年まで使用されていましたので、その最後の姿を写真に残すことができました。花畑での大牟田線との平面交差を想像するだけでも想像で夢が膨らみます。

このほか、三池炭鉱で有名な大牟田市内にもかつては西鉄の路面電車があり、昭和 2 年に大牟田電気軌道として誕生したのちに昭和 27 年 1 月までの間、旭町から炭砿の街の中心である四ツ山まで走っていました。大牟田や福島で最後に走った電車は、最終的に福岡市内線に集められ、昭和 50 年の第一次廃止時まで揃って大活躍をした 200 型の 13 両に他なりません。

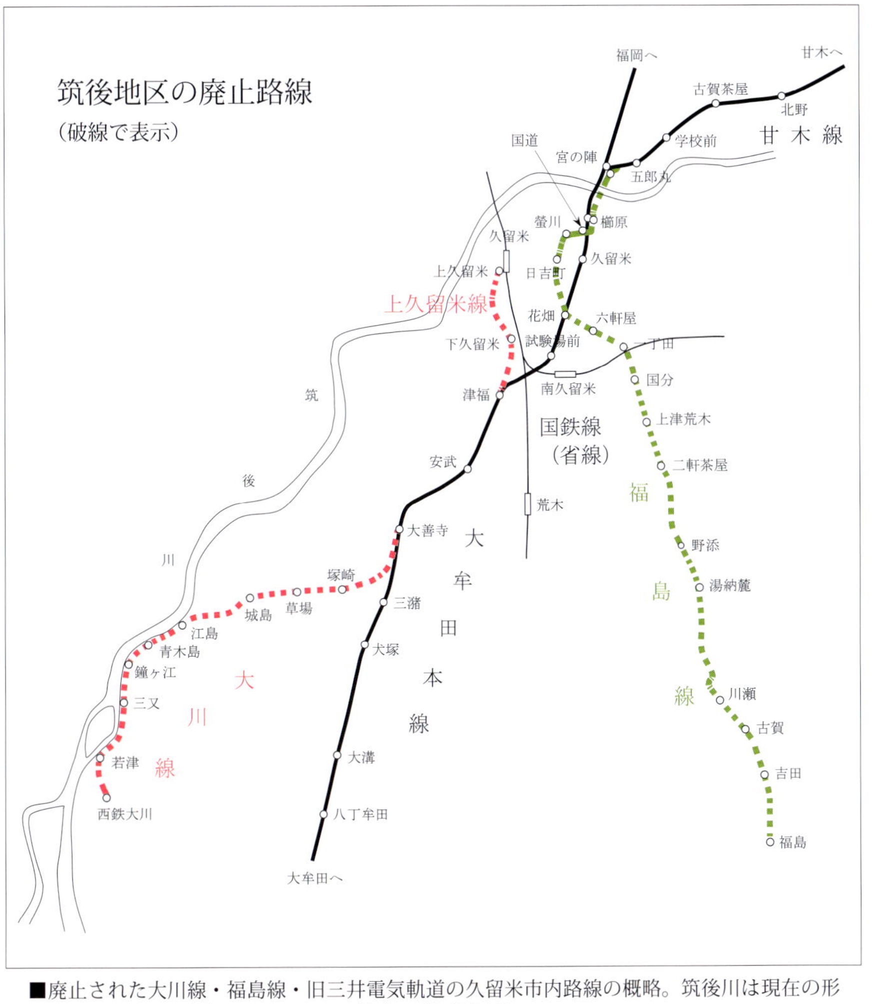

■廃止された大川線・福島線・旧三井電気軌道の久留米市内路線の概略。筑後川は現在の形状を模擬。縮尺に忠実ではないことに注意。（筆者作図）

■宮地岳線は鹿児島本線とほぼ並行して福岡市東部とさらに東側に位置する宗像郡新宮町・福間町・津屋崎町（いずれも当時の名称）を結んでおり、鹿児島本線と玄海灘に沿う海岸線の間に位置する。現在は先端部分の西鉄新宮以遠が廃止されている。宮地嶽を望むこの場所は唯一開けていた絶好の撮影地で、何度も通った。入線したばかりの旧モ310編成（元、大牟田線20系）の黄色い車体がレンゲの花に映える。春霞の立ちこめる日には松の木が立体的に浮かび上がる。レンゲ畑は陽が傾き始める頃から濃い色合いに変化してゆく。午後からずっとこの場所にいたが、最後の美しいシーンを逃すわけにはゆかず、日暮れの18時頃まで粘ることになる。その間、同じ電車が貝塚との間を3往復ぐらいするので、夕方ラッシュ時の運用が始まるまでは次に来る電車の車種も事前にわかっていた。西鉄福間－宮地岳 S54.4 (BN50/2.8, EPR)

宮地岳線は福岡市内線と接続する形で、貝塚－津屋崎間 21.0km を 40 分弱で走っていました。全線単線ですが電車は頻繁で、日中は 13 分間隔で津屋崎行が、ラッシュ時にはその間に区間運転の香椎花園前行が入り、非常に密なダイヤでした。昭和 29 年までは福岡市内側の終点は西鉄博多（新博多に復活、のちの千鳥橋）で、短縮されたのちは競輪場前（元、西鉄多々良、のちの貝塚）まで市内電車が乗入れるようになりました。貝塚を出ると多々良車庫を右に見て、カーブで回り込み多々良川の古いコンクリートのアーチ橋を渡ります。右側には少し離れて鹿児島本線の鉄橋があり、すぐ左側の高い位置には福岡市場・福岡港・博多港方面への博多臨港線の鉄橋が架かっているので、丁度二つの路線に挟まれた形です。アーチ橋を渡ると広大な香椎操車場の横を名島・名香野・香椎宮前（かしいみやまえ）と小さな駅を設けながら走り、松本清張の「点と線」の舞台となった西鉄香椎に到着します。香椎界隈は福岡市東部で最も賑やかな町です。西鉄香椎の次は香椎花園前で、昔から大きな遊園地があります。昭和 30 年代の中頃に初めて行ったときには、遊園地の脇の築堤の上を一斤の食パンのような形の車輌を連結した 2 両編成が走っていた記憶が残っています。おそらく払い下げられた木造省電の鋼体化前の姿ではないかと思われます。（ 144 ページにつづく）

■モ 13 号は元 大軌の木造車を鋼体化したもので、改造年が後期であったために側面はバス窓となっている。宮地岳線の旧型車グループの中では、モ 5・6・8・9 とともに、鋼体化改造車では唯一最後まで延命しており、昭和 56 年まで活躍した。ゆっくりとカーブを曲がってゆく姿は、あたかも電車までもが満開のレンゲ畑を眺めているようであった。西鉄福間－宮地岳 S54.4 (BN50/2.8, EPR)

宮地岳線

春霞の宮地嶽

■レンゲが美しく透き通って見える時間帯にモ１系モ４形がのんびりと走る。この日は珍しく春霞のほとんど無いクリアな一日であった。西鉄福間－宮地岳 S54.4（BN50/2.8, EPR）

　宮地岳線では多々良川のアーチ橋があまりにも有名ですが、最も美しい光景と感じたのは宮地嶽をバックに田園の中を走る西鉄福間－宮地岳 間です。当時は線路脇に家も少なく、春になればレンゲが満開となる背後では春霞の中で松林が立体的に浮かび、箱庭のような景色を創り出していました。レンゲの開花期間は意外に短く、本当に美しいのはほんの２、３日間のみです。そこでこのチャンスを逃すまいと連日訪れていると、近くの農家の方からすっかり覚えられて声をかけていただくことがよくありました。生え抜きの旧型車に加えて、大牟田線から転属してきたばかりの黄色い電車が次々にやってきて、春の午後を満喫することができました。

■真っ白な雲が浮かぶ青空は春にしては珍しい。踏切の標識が良い雰囲気を出している。ときどき太陽が雲にかかるので、幸運を祈りながら電車を待っていたが、午後の明るい日差しの中を塗装の美しいモ４形が釣掛駆動特有のモーター音を響かせながら通り過ぎて行った。西鉄福間－宮地岳 S54.4（N35/2.8, EPR）

四季折々の表情

（142ページより）香椎花園を出ると国鉄香椎線との連絡駅である和白に到着します。撮影当時は野原の中の小高い丘にある駅で、海や松並木が遠くに見え、空が一段と広く感じられたものです。現在の香椎線は明治37年に糟屋炭田から軍艦用燃料炭を採掘・運搬するために敷かれた博多湾鉄道の重要な運炭路線で、昭和17年9月22日の五社合併による西日本鉄道発足時から国に移管される昭和19年4月末日までの短い期間でしたが糟屋線として、のちに国鉄勝田線となった宇美線とともに西鉄によって運行されていました。電車は和白を出ると国鉄線をオーバークロスでまたぎ、右にカーブしながら下りの急勾配で加速しながら田園の中に入ってゆきます。西鉄新宮からはしばらく広大な松林の中を抜けますが西鉄福間までは宮地嶽に向って走ります。昔は終点の宮地嶽に向ってそのまままっすぐ進んでいましたが、昭和26年6月からは左カーブを回り込んだところに同駅が移設され、さらに直進して玄界灘に面した町、終点の津屋崎に到着します。惜しくも平成19年3月限りで新宮以遠が廃止され、宮地岳線という長年親しんできた名称も"貝塚線"に変更されました。

宮地嶽を望む田園風景には四季折々の表情があり、春はレンゲや菜の花、秋は黄金色の稲穂、冬は積雪を見ることができますが、御神体である宮地嶽の形や色はあまり変化せずにいつも同じ表情に見えます。頻繁に往来していた旧塗色の車輛も昭和50年代の中頃には大牟田線からの転属車にすべて置き換わってしまいましたが、現在では初期に転属してきたこれらの車輛もほとんどが廃車となっています。

■暑い夏も終わり、9月には一勢に稲穂が色づき始める。北部九州の平野部では例年10月の初めに稲刈りが行われるが、稲穂が最も美しいのはその直前である。九州でも朝はうっすらと霜が降りるようになり、快晴の日の午後にはひんやりとした朝とは対照的に気温が上がる。現在は休耕田が目立ち、一面に広がった水田が少なくなったところも見受けられる。写真はモ1系モ4形で日中は例外なく単行の運用であった。西鉄福間－宮地岳 S54.10（BN50/2.8, ER）

■九州北部に雪が積もることは珍しく、年に一二回程度である。いつも冬になるとこのチャンスを窺っていたが、余程の大型の寒気団が来ないかぎり積雪はわずかで、現地に到着してみるとすでに溶け始めていたりする。天候が回復して太陽が見え隠れし、消えかかる直前の雪が畝に沿って幾条ものラインとなっていた。車体改造前の 313 形の姿が懐しい。西鉄福間−宮地岳 S55.12（BN50/2.8, EPR）

多々良川のアーチ橋　― 名島 ―

■モ4形（モ4～9）三重連の存在を知ったのは、朝早く国鉄で北九州方面に向かったときに多々良川橋梁上ですれ違った姿を目撃したからで、昼間の単行運転しか見ていなかった筆者にとって、そのときの驚きは忘れられない。当日だけの特別運用でないことを祈りながら、晴れの日が来るまでずっと気がかりだった。モ4形（モ1系）三重連は朝の一往復のみと記憶しているが、各種旧型の三連運用にとりつかれてしまい何回か通った。当時この電車に注目するファンはほとんどおらず、日の出直後の多々良川アーチ橋は半ば筆者の独壇場であった。低照度時に目立つ粒子荒れを防ぐために6×6版カメラを使用したが、日の出直後は光量が不足しがちで、まさにレンズ性能との戦いであった。貝塚－名島 S55.2（BN50/2.8, EPR）

多々良川を渡る姿はこれまで多くの写真が撮られていますが、始発まもない頃の電車が撮影されたことは一体どれくらいあるのでしょうか。当時、早起きしてまだ薄暗い道を30分ぐらい歩いて多々良川に行くと、穏やかな広い川面が一日の始まりを静かに待っていました。秋から冬にかけては丁度アーチ橋付近に太陽が照り始めた頃にラッシュ時の運用が始まります。赤い朝日を浴びながらアーチ橋を渡ってゆく3両編成の旧型電車が、滑らかな水面に映し出されるその姿とともに大変美しいものでした。

車輌のバラエティ　朝の旧型３連運用

■張上げ屋根更新車の３連、モ 13 ＋ク 54 ＋モ 14。モは２両とも左右の台車形式が異なっている。貝塚－名島 S54.2（BN75/2.8, ER）

■稼動率はあまり高くなかった元博多湾鉄道汽船のロマンスカーによる貴重な３連、モ 11 ＋ク 63 ＋モ 12。貝塚－名島 S54.2（BN75/2.8, EPR）

■大牟田線の元 10 系の２両を組み込んだモ 21 ＋モ 22 ＋ク 59 の３連。最後部の張上屋根の制御車がク 59 ではなく、元大牟田線ク 154 のク 58 であれば大牟田線時代を再現できるのにと大いに期待するも叶わなかった。貝塚－名島 S54.2（BN75/2.8, EPR）

■他の３連からすればずっと地味なモ２＋モ６の２連。しかし“モ”どうしの重連を昼間に見ることはできなかった。貝塚－名島 S54.2（BN75/2.8, EPR）

宮地岳線の旧型車輌

当時の宮地岳線の電動車（モ）は出力・制御方式・制動方式の違いにより、１番台・10 番台・20 番台に区分されていました。1 番台は 41kW × 4（モ 1・2）または 48.5kW × 4（モ 4 ～ 9）、10 番台は 142kW × 2（モ 11・12, モ 13, モ 14, モ 17, モ 18）または 85kW × 4（モ 15, モ 16）、20 番台は 74.6kW × 4（モ 21・22）または 80kW × 4（モ 23・24）で、1 番台は同番台の重連または三重連で連結運転を行っていたのに対し、出力の大きな 10 番台と 20 番台は 50 番台以降の制御車（ク）との連結運転を可能にしていました。車体（台枠）を中心にこれらの経歴を分類すれば、博多湾鉄道汽船時代からの生え抜きであるモ 1, モ 2, モ 4 ～ 9, モ 11･12, モ 14、近鉄の前身である元大阪電気軌道（大軌）の３枚窓木造車（大軌デボ 201 形→近鉄モ 250 形）であったモ 13, モ 16, モ 17、省線の荷物電車であったモ 15、昭和 26 年大牟田線からの移籍第一号で元 100 系のモ 18、同じく元 10 系のモ 21 ～ 24、制御車では前歴が大軌の５枚窓木造車（大軌デボ 61 形→近鉄モ 260 形）のク 51, ク 52, ク 54, ク 57, 元大牟田線 100 系のク 58、元省線の木造車であるク 59, ク 60, ク 63 がありました。台車は適宜交換が行われており、現段階で詳細を正確に把握することは叶いません。車体は昭和４年の竣工時より半鋼製車であったモ４～ 9、昭和 11 年製の湾鉄の元ロマンスカー モ 11・12、元大牟田線のモ 21 ～ 24 が比較的原型を留めていたのに対し、付随車の大半を含めた他の車輌（モ 1, モ 18, ク 58 を除く）は屋根がツルっとした張上屋根の車体に更新されていました。モ 1, モ 2, モ 14 は湾鉄が大正 14 年の開業時に新造した木造電車（竣工直後は客車）で、それぞれデハ 1, デハ 3, デハ 2 を鋼体化した車輌でしたが、モ 1 の鋼体化は試行的要素が強く、単に鋼板を貼っただけのように見えて、窓配置や台枠のトラス棒などに種車の特徴が見え隠れしていました。朝夕のラッシュ時にはこれらの車輌が２連や３連で朝日に車体を輝かしながら多々良川を渡ってゆく光景が見られました。

現在でも同じですが、背後の博多臨港線にも思いのほか頻繁に列車が通り、宮地岳線の電車と同時に写ることがあります。この場所は河口まで近く、干潮のときは川の中に降りることもできました。撮影のために立っている国鉄の橋脚付近には天然の小さなカキがたくさん付着していて、当時は実際に漁?をしている老人もいました。

■多々良川でモ4形の2連と並ぶ博多臨港線の貨物列車。当時はさらに石堂川や那珂川を長いガーター橋で越えて天神地区の北側まで線路が延びていた。現在では箱崎埠頭の福岡貨物ターミナルで線路が打切られており、電気機関車の引くコンテナ貨物が往来している。波一つない平滑な水面上に対称に映し出された"四つの列車"が美しい。貝塚ー名島 S54.2 (BN75/2.8, EPR)

博多臨港線
との共演

■電気機関車の牽引するコンテナ貨物列車が通過する。ブルートレイン牽引機のED73と共通運用を組まれていた晩年のED72は貨物列車も牽引していた。当時のコンテナはまだほとんどが黄緑色である。この時点ですでにED72の稼動機はごくわずかであり、またもやお目にかかれなかった。貝塚ー名島 S54.2 (BN75/2.8, ER)

黄色の電車

■新たに300系が入線してきた頃は塗色と台車以外はほぼ大牟田線時代の姿を留めていた。従来、宮地岳線には左右で釣合い梁形状が異なる台車を履いた車輌がよく見られたが、“新車”の308形にはモとクで台車の大きさがまったく異なるものも見られ、クの小型台車にスペーサを介して車高を揃えていた時期もあった。黄色の電車が朝日に輝く姿を撮影するのは露出が難しい。日中であれば一般的な車体色の場合よりも1/2段程度絞ればよいが、開放絞り付近では6×6判カメラボディの内面反射やフィルム面でのハレーションなども複雑に効いているように思われた。貝塚－名島 S54.4（BN50/2.8, ER）

■大牟田線からこの時期に転出してきた車輌のうち、大牟田線での形式消滅が早かったのは313形で昭和52年のことであった。大牟田線では昭和27年に導入され、前年に竣工した急行用で流線型の旧600系に比べて地味な存在で終始した。しかし移籍当時の宮地岳線では車齢が最も若く、斬新な黄色に赤帯の美しい塗装と相俟って、一般利用者の眼には新車として映ったに違いない。4編成のすべてが移籍したが、大牟田線の特急用として旧600系の中間電動車を2両とも1300系の中間車として整備し、もう一編成用に不足する中間車2両をこの313形の中間車改造で組み込めばさぞ美しい1300系の第2編成になったのではないかと、ボディの形のみで勝手に想像している。また313型を先頭とした正面2枚窓の特急車も1300系の第3編成として整備し、ブルーに黄色帯を配すればさぞカッコよかったことかと思う。模型の世界で是非再現してみたい。貝塚－名島 S54.4（BN50/2.8, ER）

120系と300系

大牟田線の5000系増備に伴って、やがて宮地岳線にも黄色に赤帯の“新型”電車が転籍してきました。これは大牟田線の元300系（303形・308形・313形）と元20系で、宮地岳線での元20系の最初の編成は、同じ昭和53年にすでに転籍していた308形の最初の2編成からの連番でモ310・ク360を名乗っていましたが、続いて他の20系の車輌が大牟田線時代の番号に100を加えた番号で導入されたのに合わせて番号が再編され、モが120番台、クが150番台に統一されました。転入に際して軌間が異なるために台車を調達しなければならず、ベージュとマルーンの旧型車では1台の前後で台車が異なる状況には見慣れていましたが、300系のクの一部にはかなり小ぶりな釣合梁式台車に厚いスペーサを介して車高をモと揃えた車輌などもありました。これらの車輌の入線により宮地岳線本来の旧型車は昭和56年までにすべて廃車となりました。

■こちらは大牟田線の元20系だが、3連から2連に短縮されてこじんまりとよく纏まっていた。初期に転籍した黄色の車輌の中でボディは最も新しかったにもかかわらず平成3年までに早期廃車された。これは冷房化が困難という理由などによるものと言われる。写真のク360（→ク153）の台車もモ310（→モ123）のものよりかなり小振りである。貝塚－名島 S54.4（BN50/2.8, ER）

■多々良川は夕方が最も美しい。潮位が高くなければ当時は名島寄りの川の中に降りることもでき、半逆光でモ 1 系が輝く瞬間をよく狙ったものだった。同じように輝きを増した鹿児島本線の赤い鉄橋上をED76と電化以来の主であるED73の重連が渡ってゆく。35ミリ判モータードライブカメラで簡単にチャンスを捉えることができるのだが、6 × 6 判カメラでは一発勝負なので、この写真はほとんど偶然に撮れたものだ。車体が水面に映ればと思うが、夕方にさざ波が立っていないことは記憶にない。貝塚－名島 S52.10（BN50/2.8, EPR）

夕方に多々良川へ行くときには、香椎側の川岸で撮影することが多かったと思います。当時は畑づたいに川の淵まで行くことができました。太陽が右斜め正面から照りつけ、宮地岳線の古い電車がギラリと輝くシーンはなかなか魅力的なものでした。国鉄側も東京行の「あさかぜ」をはじめ、「にちりん」「かもめ・みどり」などの多くの列車が同じ光線を浴びて車体を輝かせながら通過してゆくのを掛け持ちで撮影するのも楽しみでした。

■モ6号を少し横から捉えると車体側面の様子がよくわかる。中央の広い窓は中央扉を埋めた跡だ。モ4形は小田急電鉄の創業期の車輌に酷似する。ちなみに熊本電鉄に譲渡された小田急デハ1100形（元小田原急行鉄道1形）4両のうちの3両、モハ301～303もやはり昭和50年代まで（モハ303は昭和60年まで）生き延びて活躍し、のちにモハ301が生れ故郷で保存されて話題となった。これに対して宮地岳線のモ4形は話題になることもなく昭和53～56年にひっそりと姿を消していった。貝塚－名島 S52.10（BN50/2.8, EPR）

■夕方は貝塚側の正面が順光になるので干潮時に川原に降りてみた。画面外の左上部には博多臨港線の高い鉄橋がある。このアングルで見ると補強が施されているものの、アーチ橋の優美さをあらためて認識させられる。当時はコンクリート電柱が大変気になったものだが、現在のように鉄骨フレームに置き代わってしまうと、鉄錆色のコンクリート電柱にも趣を感じる。車輌の種類と電柱の形状を除けば、この光景は現在でもほとんど変化していない。貝塚－名島 S52.10（BN200/4, EPR）

夕暮の多々良川

■特急「かもめ・みどり」や「にちりん」も撮影対象で、特徴ある狭窓の先頭グリーン車が懐かしい。さらに、この時間帯よりも少し前に通過する小倉発、長崎・佐世保・加津佐行の「出島・弓張」もなかなか魅力的であった。当時はどこにでも走っていたキハ58系編成の中にあって、加津佐行のみは島原鉄道所有のキハ55系気動車であり、両運転台のキハ2601～2603のいずれか1両が出島編成の先頭位置（この区間では中間位置）に組み込まれていた。他の国鉄編成がとっくにそれぞれの終点に到着した後も、たった1両のみで社線内を島原半島の最南端まで、延々と走り続けるというものであった。このような島鉄車輌組込みの事例は博多始発の「出島・弓張」や大村線の普通列車などにも存在した。また機会をあらためて多々良川を渡る姿をお目にかけたい。貝塚－名島 S52.10（BN75/2.8, EPR）

■この時間帯には国鉄側の鉄橋にも撮影対象となる列車が通過する。博多発東京行の特急「あさかぜ」もそのうちの一つだ。牽引機にED72を期待するも、またもやED73であった。優等客車を数多く組み込んだ20系客車編成の品のあるダークブルーの塗色も過去のものとなって久しい。貝塚－名島 S52.10（BN75/2.8, EPR）

■わずかに夕焼けになった空をバックに走る単行電車はなかなか風情がある。当時は木製電柱で電線もすっきりしていた。真っ赤な夕焼けも美しいが、冬の空の控えめなオレンジ色が醸し出す雰囲気は空気の冷たさまでも時間を越えて伝わってくるようだ。和白－三苫 S52.12（BN50/2.8, EPR）

モ４～９の顔

日中はモ１系が単行で毎日数多くの運用に入っていました。モ１は最初の鋼体化車輌で試行的要素を感じさせるものがあり、種車の姿を色濃く残す車輌でしたが、モ２は当線で一般的となったツルっとした張上屋根の車体となりました。モ３は元、近鉄の前身の一つである大阪電気軌道の木造車でしたが、昭和36年に電装を解除されて制御車（ク52）になっていたので撮影当時すでに欠番でした。モ４～９もモ１やモ２と同じ博多湾鉄道汽船時代からの生え抜きですが、この６両はもともと半鋼製車であったために、側面の中央扉が埋められて、前面の貫通扉が事実上廃止されていた以外、車体の大改造は受けていませんでした。前面の形状は車輌ごとに異なっており、A：貫通扉が残る、B：３枚窓に近いが貫通扉の埋め跡が上部に残る、C：完全な３枚窓、に大別できます。昭和45年から昭和55年の写真をもとに分類すると、（貝塚側／津屋崎側）の順に、モ４（B／A■），モ５（B／B），モ６（A■→A□／A□→C），モ７（B／AB■*），モ８（A■／C），モ９（A■／A■）となっていました。ここに、■・□：それぞれ貫通扉の凹みあり・なしに対応します。ただし、モ４の津屋崎側の貫通扉窓には中桟が入っており、モ６のC仕様では前面窓柱間リベットが２列（通常は１列）、モ８のC仕様では前面窓柱間リベットなしとなっていました。*：右のページの写真のように、モ７の津屋崎側は貫通扉の上部を埋めた３枚窓ながら扉の下部のみがそのまま残っているという変則ぶりでした。

思い出の光景

国鉄香椎線と立体交差のある和白の築堤の東側は当時開けており、夕焼けの空に電車が浮かび上がる光景が見られました。宮地岳線は市内から北東方向に伸びているという印象を受けますが、この和白付近のみ北北西に向かって走っており、この築堤上は最も西方向に偏った位置にあります。このため夕方の和白駅では津屋崎側に光があたり、旧型車が前面を輝かせながら離合する姿は大変美しいものでした。

■かつての和白駅は奈多にかけての海岸線の松林が遠くに見え、空を広く望むことのできるのどかな駅であった。宮地岳線は津屋崎方面に北東に向かって走るものと思っていたが、夕方は何故か津屋崎側に夕日がさす。地図上で調べると、この付近のみ北北西に向かっていることが確認される。写真はモ７とモ９の交換で、モ７の津屋崎側は貫通扉上部が埋められているが貫通扉の大部分が残っており例外的な形態であった。モ９も実際には貫通扉は固定されているので機能的には同じである。和白では必ず上下の電車が交換するので、夕方の光線であらゆる車輌の組合せを撮っておけばよかったと今にして思う。運行は頻繁ながら訪問当初は香椎花園前以遠でタブレットの受け渡しが行われていた記憶がある。和白ではかつて同じ博多湾鉄道汽船の路線であった国鉄香椎線と駅構内を共有していた。香椎線の列車は滅多に来ず、撮影当時にはすでに線路も完全に分離されて立体交差に改められていたので、少なくとも昼間は乗換駅という印象がほとんどなかったように思われた。昭和 40 年代の前半、香椎線の海の中道から西鉄宮地岳線の貝塚まで硬券の連絡切符を買って和白で乗換えたことが思い出される。和白 S49.7（N35/2.8, KII）

■西鉄新宮の貝塚寄りの地点で“湊”の新宮漁港も近い。現在ではこの写真の撮影場所は住宅地として高台になってしまったが、造り酒屋のまわりはかつての雰囲気が残っている。最後の夕日を浴びてモ１号が貝塚に帰ってゆく。三苫－西鉄新宮 S52.3（N50/2, KR）

■香椎宮前（かしいみやまえ）駅は官幣大社香椎宮への参道を横切る踏切の脇にあった。花壇と化したホームの端からは今は無き国鉄の香椎操車場が見える。この日は、最初に鋼体化改造を受けたモ 1、津屋崎側の貫通扉窓に窓桟のあったモ 4 など、特徴のある電車が次々にやってきて筆者を喜ばせた。香椎宮前 S50.6（N200/4, KII）

駅の風景

■当時の宮地岳線では、貝塚から津屋崎行と香椎花園前行とが交互に設定されていた。貝塚が群青色、津屋崎行が黄色の表示板を、香椎花園行は春の園内のチューリップを連想させる真っ赤な表示板を付けていた。その後、平成 19 年 3 月の路線短縮までは区間運転が貝塚－三苫間で行われ、表示は方向幕に代ってその色は貝塚行が群青色、津屋崎行が緑色、三苫行がオレンジ色であった。写真のモ 6 の津屋崎側は最晩年の改造で貫通扉が完全に埋められて 3 枚窓になっていたが、前面窓柱のリベットが 2 列に並んでいるのが特徴であった。貝塚 S52.10（BN75/2.8, ER）

■昭和 26 年に当時の終点であった宮地“嶽”と西鉄福岡間の間の路線を変更して津屋崎まで延伸した。これを祝う記念碑も建てられていたが、いかにも線路がぷっつり切れているという感じで、さらなる延伸を期待させるものがあった。写真のモ 2 は博多湾鉄道汽船創業時に暫定的に客車として竣工した木造車デハ 3 を鋼体化した車輌で、同じような形態のモ 14（元デハ 2）、最初に鋼体化されたモ 1（元デハ 1）、元から半鋼製車で大きな改造を受けなかったモ 4～モ 9 とともに連日運用に入っていた。当時、どの鉄道においても一桁若番の車輌などたまにお目にかかっても、車庫の片隅の廃車や留置中というのが一般的であったので、他の車輌も含めて総動員とでも言うべき宮地岳線の運用は非常に嬉しく、また不思議にさえ思えた。津屋崎 S50.10（N50/2, KII）

■福岡市東部を代表する町、香椎には松本清張の「点と線」で有名になった国鉄の香椎駅と西鉄香椎駅がある。西鉄香椎駅は駅舎も含めて昔ながらの形態であり、ホームから線路を渡って改札口に出る。橋上駅が増えた現在ではこのような駅は非常に少なくなった。4月下旬から5月上旬にかけてツツジが満開となり大変美しかったが、近年高架駅に生まれ変わった。貝塚寄りの名香野駅や名島駅にも花壇があって同じような雰囲気であったが、駅の位置や駅名変更も含めていずれも高架上の立派な新駅に変っている。写真のモ 23 は元大牟田線 10 形のモ 11 号だが、個性的な車輛の多かった宮地岳線においてはあまり特徴のない電車に感じられた。湾鉄生え抜きのモ 4～モ 9 よりもスリムに感じられるが、実際に手摺も含めた最大幅は 140mm ほど狭い。西鉄香椎 S54.4（N200/4, EPR）

■博多湾鉄道汽船時代からの古豪モ 8 号と元大牟田線 20 系の編成が並ぶ。この元 20 系の最初の 1 編成の入線当初は先に転籍していた 308 形 2 編成からの連番でモ 310 とク 360 を名乗ったが、さらなる元 20 系の転籍に伴う番号再編により、モは 120 番台、クは 150 番台に統一され、同編成はモ 123＋ク 153 に変更された。大牟田線の 2000 系と同じ鮮やかな黄色の車体がツツジのピンクに映える。やはり大牟田線からの転入車である 300 系も含めて当初は車体側面の赤帯が細く、また前面の帯の形状も勾配のついたものであった。元 20 系は車体長が短いので、宮地岳線の旧型車輛ともよく調和していたが、冷房化の問題に起因するのか比較的早く廃止となったのは残念である。西鉄香椎 S54.4（N200/4, EPR）

宮地岳線の電車は多々良川を渡ると香椎操車場に沿って走ります。途中の名島や名香野はこじんまりとした交換駅で、女性の駅員さんが電車通学の生徒をいたわり（カメラを車に置いたままで駅を下見していた筆者は“不審者”に思われたようですが...）、駅と花壇を守ってこられたことが思い出されます。春の香椎宮前や西鉄香椎にも花がたくさん咲いていて乗客の心をなごませてくれました。現在はこれら 4 駅のすべてが高架上にある立派で便利な新駅になり（同時に名香野 廃止・西鉄千早 新設）、花一杯の小さな駅は過去のものとなってしまいました。

■最近は化学肥料の普及に加えて減反政策の影響もあって、美しいピンクのレンゲ畑を見ることはめっきり減ってしまった。レンゲの花の開花時期は意外に短く、本当に美しいのはわずか2～3日間である。また例年同じところに種が撒かれるとは限らず、花が咲き始めた時にいちはやく見つけて場所を特定しておき、1週間ぐらいで最盛期になるのを待つ。この写真では宮地嶽を背景にレンゲの花の間から電車が一瞬顔を出す瞬間を捉えてみた。ウエストレベルファインダーで上から覗ける6×6判のカメラはローアングルでの撮影が楽なので大変重宝する。また画面も大きいので、電車が来るまでは通常のアングルでは見ることのできない幻想的世界？に浸って待ち時間を楽しめる。しかし連写はおろか、手持ちでは1枚撮るにもシャッターチャンスを狙いにくい点が問題。西鉄福間－宮地岳 S49.4（BN75/2.5, R100）

花の季節

■昔の電車は車内から前が良く見えたものである。新しい電車は運転席が完全に仕切られているので広い視野で前を見ることは難しくなり、また優先座席の制度ができてからは最前部に座ることをためらうようになった。このような状況があるからだろうか、各地のリゾート用車輌では展望席があらためて設けられるようになった。さてモ4形の前面は平凡なスタイルながら眺望は抜群で、現在の展望席よりよほど前に近寄れた。また無人駅での切符の回収などにも適した運転席まわりで、路面電車のように乗客と乗務員との距離も近く感じられる。各地の大手私鉄にかつて存在した古い車輌もこれが一時代の典型的な電車のスタイルで、電車そのものに強い親しみを感じたものであった。昭和初期の製造を物語る客室屋根の段差は大正期までの木造車でよく見られた採光窓のついた二重屋根構造の名残で、少し前まではこのような形の天井を持つ電車が各地で見られた。S54.4（BN50/2.8, EPR）

■西鉄新宮は路線短縮後の現在の終点である。春は構内を囲む桜の美しい駅でもある。ここから古賀ゴルフ場前にかけて、当時は脇に併走する道路もなく線路だけが松林の中を抜けていた。宮地岳線には花壇のある駅が多い。西鉄新宮 S50.10（N35/2.8, KⅡ）

花を入れるアングル

花を手前に入れて撮影すると非常に華やかな写真になります。しかし花が手前にボケるまで近寄ると、僅かに位置がずれるだけで花の入り方が大きく変わることから、視差（実際に写る範囲とファインダー内の視野のずれ）のない一眼レフカメラを使用して、電車が来るまで何度も確認して思いどおりの画面となるようにします。このときに三脚を使用するとなかなかベストの位置には構えにくいのでなるべく手持ちで撮影します。手前の花のボケ方はレンズの性能に大きく左右され、汚い二線ボケになるレンズもありますが、これは一眼レフのファインダーでも事前の確認はほとんど不可能です。前ボケの程度はファインダーの被写界深度レバーを押して実絞りで確認することが必要で、これを行わなければ幻想的で綺麗なボケであったはずが茎や枯葉などが目立つ煩雑な写真になることもあります。ファインダーで確認したボケ具合をイメージどおりに写真で再現する場合には、1～2絞り分余計に絞った方が良い結果となるようです。いつもこのような花の間から電車を見ている虫の眼には一体どのように映っているのでしょうか。

■宮地岳線の沿線には花が多く、とくに小さな駅では女性の駅員さんが花壇の花を大切に育てていた。当時の線路敷は現在に比べると開放的であり、線路沿いに住む人々が家の裏庭に線路敷地の間際まで花壇を作っていることが多かった。この場所は香椎宮前駅の貝塚側で、手前側は名香野や名島を経て多々良川を渡るところまで香椎操車場の脇を国鉄線と併走する区間であった。香椎宮前 S50.5（N200/4, KⅡ）

■路線短縮が間近に迫った平成 19 年の 3 月初旬、かつて何度も通った西鉄福間－宮地岳 間の宮地嶽が背後に入る場所を訪れた。約 25 年の年月の経過からすれば、福岡近郊でありながら元の景色がよく残っていたが、画面左側の線路の手前にあったはずの松の木はすでに消えていた。春もまだ浅い夕方の日差しの中、黄色い花が思い出の景色を飾ってくれた。西鉄福間－宮地岳 H19.3 (CD35/2.8, RVP100)

■大牟田線から転入した 303 形・308 形は宮地岳線での活躍の途上で車体更新を受けてすっかり表情が変わっていたが、3 連化されていた 2 編成、モ 304（元大牟田線モ 303）＋モ 305（元モ 310）＋ク 355（元ク 360）および大牟田線で最後まで活躍したモ 310（元モ 311）＋モ 311（元モ 312）＋ク 361（元ク 362））では、津屋崎側のモを廃車して 2 連化されたため、懐かしい表情の前面が現れた。窓枠や貫通扉の方向幕などに大牟田線での活躍の頃の姿を思い出させるものがあった。西鉄香椎－香椎花園前 H18.6 (CD35/2.8, RVP100)

旧型車　最後の活躍

■元大牟田線の 303 形・308 形は改造により前面窓が一体化された車輛もあったが、一部の車輛では貫通扉が残されていた。大牟田線でのかつての姿を重ならせながらいつも眺めていたが、気付けばこの形態の車輛のばかりを追いかけていた。西鉄香椎－香椎花園前 H17.4 (CD28/2.8, RVP)

■昭和 52 年に大牟田線からいちはやく全 4 編成が元の番号のまま転籍した 313 形も車体更新がなされて 2 扉から 3 扉になったが、前面の形状も含めてうまく全体にバランス良く若返っているように感じられた。足回りまでが新性能化され、旧性能・釣合梁台車で最後まで頑張ったのはモ 314 ＋ク 364 の 1 編成のみであった。写真の場所は香椎花園の貝塚寄りで、いつも観覧車のゴンドラが美しい彩りを添えてくれる（とくに開園前の停止位置での色のバランスが美しい）。筆者の自宅でコーヒーを飲みながら貝塚に向かう電車を遠目に見て、目標の車輌とわかれば即座に車で駆けつければ折り返しの撮影に間に合うほど近い場所である。313 形は新性能化された写真のモ 315 ＋モ 365 の 1 編成のみが現在も残り、600 系と遜色なく連日運用に入っている。なお路線短縮後も残された元大牟田線 304 形・324 形を新性能化したモ 307 ＋モ 327 ＋ク 357 の 3 連（いずれも大牟田線の元番号のまま）は、必要でないことが確認されたためか早期に廃車された。西鉄香椎－香椎花園前 H19.1（CP50/1.4, RVP F）

平成 19 年 3 月末日に実施された西鉄新宮以遠廃止直前の写真です。かつては大牟田線で活躍していた電車が線路幅の違いにより台車を交換して宮地岳線で使用されていましたが、入線時は車体の色だけを変えたようであまり大きな変化はなかったように記憶しています。しかし 20 ～ 30 年にわたる宮地岳線での活躍の途中で、車体更新により印象が大きく変化した車輌も数多くいました。西鉄福間－宮地岳 間の宮地嶽を背景に走る場所には家が増えたものの、かつての雰囲気は十分に残っていました。しかし春霞に浮かんでいた松の木は一本たりとも見出すことができませんでした。

■多々良川橋梁は朝と夕がとくに美しい。アーチの下面が夕暮れの最後の光を浴びて輝いている。折りしも 308 編成が更新を受けた独特の表情を輝かせながら通過してゆく。実はこの電車 がやってくるまで待ち続けていたというのが真相で、なんとか光のある時間帯に間に合ってよかった。更新前よりモとクで車体形状の異なる 308 形のペアであったが、その面影が更新後も側面の幕板幅の差異として現れていた。貝塚－名島 H17.1（CP50/1.4, RVP）

津屋崎－新宮 路線短縮直前
最後の週末　— 津屋崎 —

■路線短縮１週間前、週末の津屋崎駅には多くの家族連れが最初で最後の乗車に訪れていた。かつてはファンだけが廃止直前に訪問していたものだが、最近では鉄道廃止に対する一般の方々の関心も高いようである。都市の通勤圏路線や新幹線を除いて鉄道利用への認識が薄れつつある現在、鉄道が徐々に特殊な交通手段になってきているような懸念が払拭できない。津屋崎 H19.3（CD28/2.8, RVP100）

■最終日を待たずにデコレーションを施した電車が走り始めた。かつてのモールで装飾されていた頃とは異なり、車体への全面広告に広く用いられるようになったラッピングによるものである。路線短縮に際して 300 系は２編成を残して余剰廃車となる中、大牟田線時代の表情が色濃く残り、思い出の多い（108 ページ参照）モ 311 ＋ク 361 が装飾の対象になったことが非常に嬉しかった。大牟田線のクリスマス号を連想させる美しいブルーのラッピングが黄色の車体とよく似合っていた。津屋崎 H19.3（CD28/2.8, RVP100）

路線短縮の日も迫り、余剰廃車となる旧型車の１編成にデコレーションが施されましたが、モールを多用していたのは昔の話で、印刷したフィルムを貼り付けるという今流の方法によるものでした。週末には多くの家族連れが最初で最後の乗車を楽しんでいました。青いお別れのラッピングは黄色い車体によく似合っていましたが、よく見ると空に星が輝いているようでもあり、あと少しで天に召されることを感じさせるものでした。

■津屋崎駅の駅舎の横から宮地岳方面を超望遠レンズで覗く。お別れのデコレーションを施した300系が少し赤くなった夕方の光を浴び、陽炎の中を車体をスウィングさせながらゆっくり近づいてくる。最終日に再訪することは叶わなかったが、筆者にとって大牟田線時代からの思い出のある300系最後の姿を眼に焼きつけることができた。宮地岳－津屋崎 H19.3 (N1200/11, RVP F)

西鉄香椎駅 旧駅舎

■松本清張の「点と線」の舞台となった西鉄香椎の駅舎の最後の姿で、路線短縮より一足先に高架上の新駅舎に変わってしまった。小説の冒頭にある“ずいぶんさびしい所ね”という一節が印象に残るが、駅舎を見ていると当時は本当にそうだったのかもしれないと思えてくる。駅前広場は狭いながらもバスが発着し、国鉄の香椎駅とともに福岡市東部を代表する町の玄関であることは今も変わりない。西鉄香椎 H18.3 (CD28/2.8, RVP)

宮地岳線
車輌のバラエティ

特記以外は多々良車庫にて撮影

モ１号について

モ１号は博多湾鉄道汽船の開業に際し大正 14 年に木造客車として生まれた後、昭和４年に電装されてデハ１となり、昭和 33 年に宮地岳線の車輌で最初の鋼体化改造を受けました。御覧のとおり、鋼板を貼っただけのような角ばった車体には種車の形態を色濃く残していました。記憶によれば、車内は木製ながら薄緑色の塗り潰しで、改造年が早かったせいか実用本位の造りに感じられました。早くも昭和 52 年には廃車されてしまいましたが、現役時は形態の異なる他のモ１系車輌と同様にほとんど毎日運用に入っており、元気な姿を見せていました。日本広しと言えども“1”という番号の車輌が現役で走っていたのは当時でも珍しく、私が実際に見たのは福岡市内線の撒水車や大分交通耶馬渓線の木造客車、近江鉄道の電車のみで、廃車でも別府鉄道の二軸気動車や今や有名な HANOMAG（ハノーファ機械製造会社）製の南薩１号機関車ぐらいでしょうか。宮地岳線のモ１は鋼体化改造後も木造車の名残りである補強用のトラス棒を台枠に残していました。湾鉄創業期の３両の木造車をはじめ、近鉄の前身の一つである大阪電気軌道や省線から譲渡された木造車を順次鋼体化し、これらは昭和 56 年まで使用されました。

■左のモ４よりも新しく見える張上げ屋根の車輌が数多く在籍したが、これらの大半はより古い大正時代の木造車を鋼体化したもので、前歴も大阪電気軌道（現在の近鉄の前身の一つ）や鉄道省からの譲渡車が主体であった。貝塚 S46.7

■終点の津屋崎に停車中のモ１号。大変のどかな雰囲気である。津屋崎 S46.10

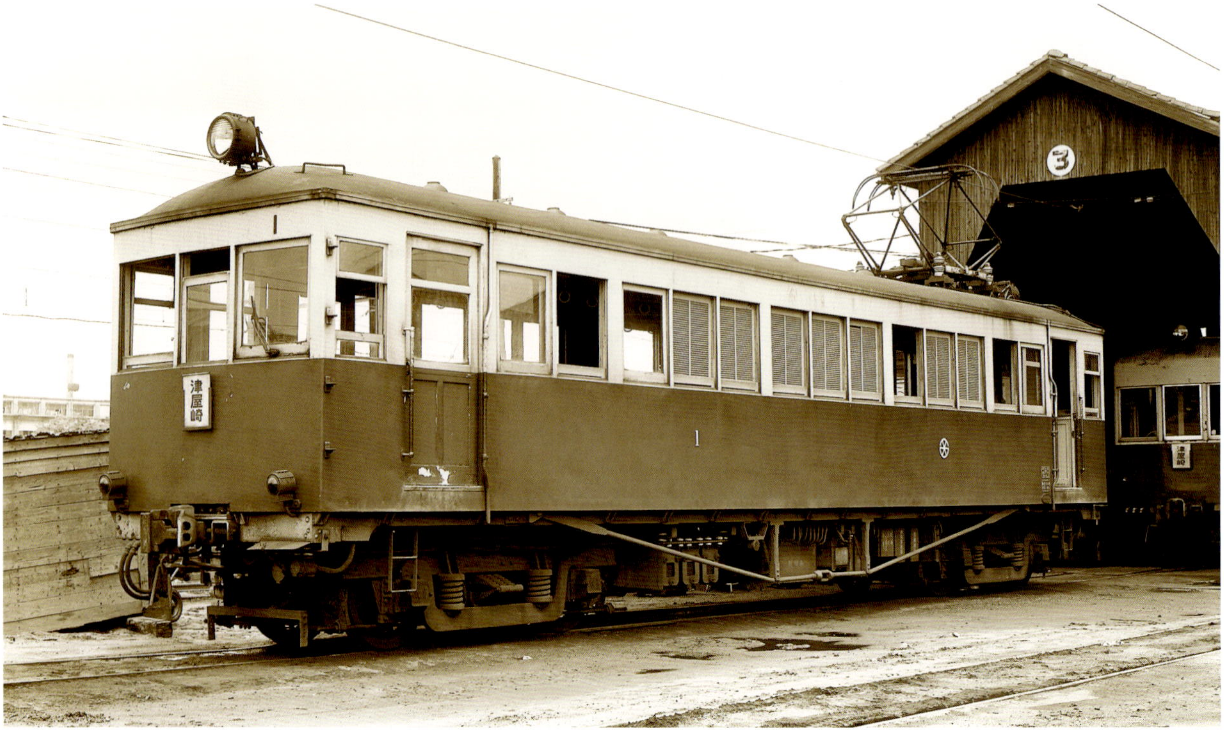

■博多湾鉄道汽船が開業に備えて準備した木造電車（竣工時は客車）デハ１を昭和 33 年に九州車輌で半ば試験的に鋼体化したまさに第１号であり、露出した台枠に依然としてトラスバーがものものしく残り、窓配置も種車に類似する。モ１系の中では廃車時期が昭和 52 年で最も早かったが、毎日元気に運用に入っていた姿が忘れられない。次に昭和 34 年末、一時期ク 64（旧省モニ 3003 →デハ 13 →モ 15 →ク 64）となっていたモ 15 の鋼体化からは車体が張上げ屋根になったが、モ 15 のみは前面がそそり立ち頭部の形状が後続の鋼改車とは異なる。さらに昭和 35 年末にはやはり生抜きのデハ３を鋼体化してモ２としている。翌、昭和 36 年にはモ 14・ク 51・モ 16 が順に鋼体化されたが、同年末のク 63 の鋼体化からは車体側窓がバス窓に変更され、以降の鋼改車の標準的なスタイルとなった。S47.7

宮地岳線の多々良車庫

多々良車庫には昭和 24 年製、東芝製標準型の凸型電気機関車 ED202 がいました。当初は僚機の ED201 とともに火力発電所用の石炭輸送などに使用されていましたが、ED201 は貨物列車廃止後に三井三池港務所に移籍してゆきました。訪問時の ED202 はすでに構内入替用となっていましたが、パンタを上げてまだまだ現役で、その後昭和 53 年に廃車となりました。石炭輸送には粕屋炭砿などから直接石炭車が乗り入れていました。一方、自社の貨車は最終的に木製無蓋車が 5 両（ト 151・152・181・186・188）が残され、ト 181 以外には昭和 37 年 3 月に廃車になった記録があります。車庫内には日中はあまり見ることのない制御車（ク）もたくさんいましたが、中でも元大牟田線 100 系のモ 18（元ク 159）やク 58（二代目、元ク 154 ←モ 106）は、まだ扉などの更新を受けておらず、とても懐かしい車輌に出会った感じでした。車庫の方々も皆御親切で、塗装下準備のパテ仕上げの方法や所要日数などを聞かせていただいたほか、モ 4 形を指して「この電車も自動車のごと流線型に改造すればよかカッコになるとばってん…」という説明を受け、とっさに江若鉄道にいた（のちに岡山臨港鉄道に移籍）日車流線型気動車改造のキハ 12 が思い浮んで、いろいろな姿を想像して楽しんだりもしました。今でも車庫の横を車で通るたびにモ 1 形や ED202 のいた光景を思い出します。

■モ 1 系モ 4 形（モ 4 ～ 9）と並ぶ東芝の標準型電機 ED202。訪問時は多々良車庫内の入替用だった。昭和 53 年廃車。S47.7

■かつては 2 両在籍して本線上で石炭車を牽引していたが、貨物列車の廃止に伴って僚機の ED201 は昭和 33 年に三井三池港務所に移籍している。S47.7

■ク 52 号は元、大軌が大正 13 年製造の前面 5 枚窓卵形二重屋根木造車デボ 61 形（のちの近鉄モ 260 形）を鋼体化した車輌。台車は省型である。S47.7

■ク 58 は元大牟田線のク 154 号で元より張上げ屋根である。同系の電動車として当線では珍しく DT13 改を履くモ 18（元ク 159 を電装）があったが、雨樋が取付けられていたので印象はかなり異なっていた。S47.7

■ク 60 の車体は長い。種車は 17m 級の二重屋根木造省電で、元 大軌の車輌よりも約 1.5m 車体が長かったことに対応して、側窓数も 1 個多くなっている。S47.7

■同じ鋼体化改造でも前面下部の台枠の露出状況が異なる。モ 14 は湾鉄生え抜きの木造車デハ 2、モ 16 は大軌の前面三枚窓平妻の二重屋根木造車デボ 201 形（のちの近鉄モ 250 形）をそれぞれ種車として鋼体化改造が施され、省型の釣合梁式台車と組み合わせていた。S47.7

■夕方の２連運用に備えて待機する博多湾鉄道汽船時代からの生え抜きばかりのモ１系。モ４形の中に手前から２両目のモ１号が良いアクセントとなっている。古豪が窓を全開にしてずらりと並ぶ姿はいかにも現役であり、なかなか壮観な光景であった。S47.7

■モ２の種車は博多湾鉄道汽船時代からの生え抜きの木造車デハ３である。連日運用に入っていた。S47.7

■一方、モ 14 はデハ２を高出力化し、のちに鋼体化した車輌。10 番台にしては頻繁に日中の運用に入っていた。九州車輌で改造された側窓形状は川崎車輌で改造された大牟田線の 20 系によく似ている。S47.7

■モ４～９は日中の単行運転の主力であった。モ４の津屋崎側貫通扉窓のみに横桟が入っていた。S47.7

■モ７の前面は両側とも貫通扉の上部は埋められていたが、津屋崎側の下部は例外的にそのまま残されていた。昭和初期特有の深い屋根の半鋼製車であった。モ７はモ４形の中で最も早い昭和 53 年に廃車されている。S47.7

■モ 12 は湾鉄の元ロマンスカーデハ 11。側面の狭窓は客扉の移設改造後の姿。最終期の確認では乗務員扉は津屋崎側の山側のみ。一方、モ 11（元デハ 10）の乗務員扉は貝塚側の海側も含めて点対称位置に二ヶ所存在する点で異なる。写真奥のモ 15 はそそり立った張上げ屋根の前面が大きな特徴で、元は大正６年生まれの木造省型荷電モニ 3003 と言われる。S47.7

■モ 21 ～ 24 は順に元大牟田線のモ 10 形、モ 13・14・11・12 に対応する。側面中央扉は埋められている。モ１形とともに日中の単行運転にもよく用いられた。台車は元大牟田線のク 50 と振替えられて釣合梁の形状は変化したが、車体形状とよく似合っていた。S47.7

写真撮影について

カラー写真が普及し始めたのは昭和 40 年代の中頃からで、白黒写真がまだ主流である中、写真をカラーで撮ること自体が贅沢なものでした。テーマを決めて撮影を行う場合には写真集の出版は究極の目標ですが、当時の印刷技術では、コダックのポジフィルムを使用してセミ判（6 × 4.5 判）以上のカメラで撮ることがいわば大前提であり、当時学生であった私には費用面でも非常に敷居の高いものでした。しかし昭和 46 年の春に岡山県の伯備線で蒸気機関車を白黒フィルムのみで撮影していたときに、当時広島を拠点に写真を撮られていた藤本自生様にお会いできたことが重大な転機となりました。「仕事ではやむなく “しのご”（4” × 5”）の白黒シートフィルムを使っているが、私用であれば 35mm カメラにコダクローム II を詰めて撮る」と明言されるのには大変驚きました。蒸気機関車ブームの最中、有名な撮影地では多くのファンが集まりますが、中判カメラを持った年上のアマチュアカメラマンが暗黙のうちに場を支配しているのも事実でしたし、印刷用カラーフィルム＝エクタクローム＆セミ判以上という認識しかなかった私にとってはなかなか理解し難いものでした。撮影の帰りに御自宅に招いていただき、コダックのフィルムカタログ上でしか知らなかったコダクローム II で撮影されたスライドを拝見して大きく認識が変わりました。感度はわずか ASA25 と低いものの、小型カメラで撮影した写真ながらその色の美しさとシャープさには大変驚きました。まだ日本ではコダクローム II が印刷用に使われることが非常に稀な時代でしたが、将来の可能性を考えて 1 本目のコダクローム II を使用したのは昭和 46 年の夏に松浦線最後の蒸気機関車を撮影したときで、その仕上りには大いに満足したものでした。以降、カラー撮影の比率を徐々に増やしてゆき、昭和 48 年には当時はまだ特殊用途にのみ使用されていたモータードライブカメラにコダクローム II によるポジ原版を装填して連写するという まさに “最強”、ただし費用面では非常に無謀な撮影を開始するに至りました。もちろん条件の揃った最良の被写体でも最大 4，5 枚の連写に留めていました。現役時代の蒸気機関車や福岡市内線の” 色” を現在でも比較的鮮やかに残すことができたのは、40 年間近くほとんど褪色しなかったコダクローム II の性能に依るものです。

鉄道を被写体とするとき、蒸気機関車を対象とする場合を除いて大半の写真が車輌中心に撮られており、西鉄電車も白黒写真を中心に趣味誌などで時折見受けられましたが、やはり例外ではありませんでした。福岡市内線の撮影では主にコダクローム II を使用して、車輌のまわりの街の様子も少し入れてみることにしました。また花電車に限らず、当時はほとんど鉄道と一緒に撮られることのなかった日暮れから夜にかけての光景や雨の日の光景も積極的に撮影してみました。

これは余談ですが、現在でも稀に時間の許す夜間に路面電車の写真を撮影する機会がありますが、当時の経験を生かして広角レンズによる手持ちで 1/8 秒のシャッターを切っています。近年 Carl Zeiss 製のレンズを入手してからは、標準・広角によらず開放絞りでも十分シャープに写すことができるようになりましたので、夜が更けて路面電車の本数がだんだん減ってきてもなかなか帰る決断がつきません。

■昭和 50 年 11 月 2 日の貫線（貫通線）・城南線・呉服町線廃止時の記念乗車券と運行最終日 11 月 1 日の乗客に無料配布された乗車証（最上部）。市内線の一部廃止に対する注目度はきわめて高く、記念乗車券を求めて多くの福岡市民が早朝から並んだので著しく不足する結果となり、再発売された経緯がある。少なくとも筆者が見た再発売分は表紙カバーの印刷が紙裏の平滑な面のほうになされていたので容易に区別がつく。（筆者保存資料より掲載）

本書に収録した写真を御覧になってお気付きかと存じますが、当時は各種の撮影方法を試行していた時期でもあり、超望遠レンズを使用して遠景を撮影し、まるで陽炎を撮ったようなボケた写真や、手持ちでブレてしまった写真なども必要に応じて掲載しております。

ところで写真撮影を長く楽しむためには、使用する機材に対する愛着が重要な要素となります。使用したニコンの一眼レフと古典的な紙巻のブローニーフィルムを使用する 6 × 6 判のゼンザブロニカは、ともに当時のニッコールレンズの性能が良かったのみならず、その堅牢な造りは粗雑な取扱いにもかかわらず写真が撮れなくなるような故障は皆無で、大いに期待に応えてくれました。これらはその後 30 年以上も使用し続けて現在も稼動状態にあり、いまだにデジタルカメラに移行していない大きな理由となっています。

一方、当時のフィルムに関しては、製造ロットによるばらつきが大きく、とくにブローニーのエクタクロームでは有効期限とともに刻印されている乳剤番号と説明書に記載の実効感度を常に気にしておりました。しかし週末のみに行う 1 本や 2 本の小単位での撮影では、発色等の評価結果をフィルムの乳剤番号の選択に反映させることは事実上不可能であり、汚い色の写真に甘んじたことも苦い経験として忘れることができません。幸いなことに現在ではデジタル化された画像の修正は非常に簡単であり、褪色が著しい当時の国産カラーフィルムやコダックの E4 処理による原版を使用した場合などは色の調整を行ったものもあります。しかしこれら以外では、原版の描写を損なわないように色やコントラストなどの調整は必要最小限に抑えました。思い出を書きとめるに際し適宜、写真のキャプションに撮影時のエピソードを書いている部分もありますので、御興味をお持ちの方々にお読みいただければ幸いです。また使用レンズとフィルムをできるだけ調べて下記の要領で記しております。あわせてお楽しみいただければ幸いに存じます。

撮影レンズ・フィルム略号一覧

(N24/2.8, KII)

フィルム名
開放 F 値
焦点距離
レンズ名

N: Nikon, Nikkor auto
TC: Nikon, Teleconverter
BN: Nikkor for Bronica S2, EC
BZ: Zenzanon for Bronica S2, EC
F: EBC Fujinon
CP: Carl Zeiss, Planer for Contax RTS
CD: Carl Zeiss, Distagon for Contax RTS

KII: Kodak, Kodachrome II (ASA25)
KM: Kodak, Kodachrome 25 (ASA25)
KR: Kodak, Kodachrome 64 (ASA64)
EX: Kodak, Ektachrome (ASA64)
EP: Kodak, Ektachrome Professional (ASA64)
ER: Kodak, Ektachrome 64 (ASA64)
EPR: Kodak, Ektachrome 64 Professional (ASA64)
EVS: Kodak, Ektachrome Professional E100VS (ASA100)
EH: Kodak, Highspeed Ektachrome (ASA160)
ED: Kodak, Ektachrome 200 (ASA200)
EL: Kodak, Ektachrome 400 (ASA400)
KPA: Kodak, Kodachrome 40 Type A (ASA40)
R100: Fuji film, Fujichrome R100 (ASA100)
RVP: Fuji film, Fujichrome Vervia (ASA50)
RVP100: Fuji film, Fujichrome Vervia100 (ASA100)
RVP F: Fuji film, Fujichrome Vervia 100F (ASA100)
PX: Kodak Plus X Pan (ASA125)
TX: Kodak Tri X Pan (ASA400)
SS: Fuji film, Neopan SS (ASA100)

感度は公称値

■昭和 46 年に購入後、これまで使い続けたニコン F (#7266037)。昭和 47 年の夏に大雨の中での使用によるシャッターの故障を修理に出して以降は、オーバーホールはたった 1 回のみ。使い易いカメラとは言い難いが、その堅牢さは昔のカタログの宣伝にあるように、まさに一生一台のカメラである。写真の旧式金属鏡胴のニッコールオートレンズは 24mm のマルチコーティング仕様で、昭和 51 年に入手以来とくに頻繁に使用し、コンクリートの上に 3 回落下した経緯があるが、絞りリングが固くなったこと以外は問題なく使用してきた。フィルターを使用していないので、レンズ前面のコーティングはキズだらけで被写体のエッジ部分でのコントラストはやや落ち気味であるが、広角レンズ特有の正の歪曲収差が非常に小さく、また開放絞りでも比較的シャープなので、カメラボディとともに今でも現役である。このニコン F にコダクローム II、コダクローム 25、エクタクローム 64 プロフェッショナルなどを詰めて、本書に掲載の福岡市内線の最後の姿を記録した。

あとがき

過去30年余りの福岡中心部の変貌は著しく、天神などではファッションを中心とした店が増えたせいでしょうか、いつの間にか歩いている人々の世代も若返ってしまい、市内電車のみならず自分自身までもが過去に追いやられそうな危機感を感じます。最近とくに昭和が回顧されることが多いですが、これは当時を生きてこられた方々が、苦しかったことも含めて、今はそのすべてが良き思い出となった過去を忘れまいとされていることに応えたものに他なりません。私が昭和晩年に撮り貯めた写真を用いて、わずかでも貢献できることはないかとあらためて考えましたところ、最晩年の西鉄福岡市内線の姿をカラー写真で比較的多く残していたことに気付きました。今回の出版に際し、廃止直前のにわか仕立てで撮影した写真のみではたして一冊の写真集が完成するかどうかに疑問や不安が残りましたが、ときどき通っていた大牟田線や宮地岳線の写真を加えればよいという軽い気持ちで未整理状態でポジ原版のまま眠っていた写真の発掘を始めたのは平成21年5月の連休からでした。なにぶん当時より撮りっぱなしで写真が散乱しており、お盆の時期までかかっても撮った記憶のみしか残っていないコマもありましたが、結果的には多くの写真を掲載することができました。しかし編集に際して必要とする場面を撮影していなかったということも多々ありました。そこでレイアウトの多少の工夫と私自身の思い出や記憶に関する拙文を毎週末ほとんどかかりきりで加えてゆき、何とかここに披露させていただく運びになりました。写真集とは程遠い形態となってしまいましたが、まさにタイトル通りの“おもいでアルバム”でありますことを御理解いただければ幸いです。

写真を探し始めてから早くも1年近くが経過し、一冊の写真集が完成した喜びもひとしおですが、この間どこへも撮影に行けなかった無念さや焦りも同時に感じております。今回の出版により、まだ数多く眠っている別の題材の写真を限られた時間内で今後どのように活かしてゆくのかという新たなる課題も生じました。

当時の撮影および今回の出版に際しまして、西日本鉄道（株）の皆様に多大なる御理解と御好意を賜りました。比類ない内容の「西日本鉄道百年史」の存在は今回の出版の大きな支えとなり、吉富 実様、扇野幸一様より大変有意義なお話を聞かせていただく機会にも恵まれました。ここにあらためて厚く御礼申し上げる次第でございます。

出版の各プロセスでは、判断に迷う要素が多々ありましたが、櫂歌書房社主の東 保司様、東 蛮様の貴重なアドバイスをいただきました。私の意見を忠実に反映して煩雑な作業をして下さいました黒田友子様、田中弘美様をはじめとする櫂歌書房の皆様、また古い原版の写真を美しく印刷していただきました江頭乾慈様、松尾 剛様をはじめとする佐賀市の大同印刷（株）の皆様に厚く御礼申し上げます。

また50年以上も過去の福岡市内線や博多の街の様子を、妻と私の両親である川述昌子・川述文男、大田瑠璃子・大田正男から直接聞くことができたことを幸せに思い、ここに記させていただきます。

平成22年3月　　福岡市東区の自宅にて　　大 田 治 彦

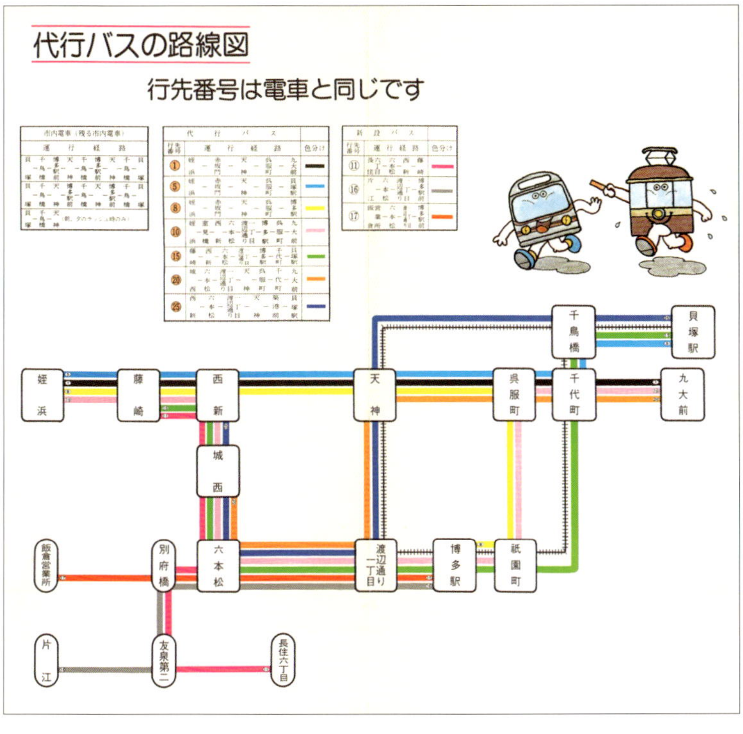

■昭和50年11月2日の福岡市内線の貫線・城南線・呉服町線の廃止に先立って“電車代行バス”の運行が案内された。電車と同じ運行経路・運行回数・始発終発時刻・停留所位置や電車定期券・回数券の継続使用可などの措置がとられたほか、ワイド方向幕を備えた低床式新型バスの新規導入、系統番号11・16・17の3路線新設、4営業所の新設が行われた。よく見れば電車の系統番号8（室見橋－西新－西公園－天神－呉服町－祇園町－博多駅前－渡辺通一丁目－天神－千鳥橋－千代町－祇園町－博多駅前－渡辺通一丁目－六本松－西新－室見橋）の起点と終点、15（貝塚－千鳥橋－博多築港－天神）の経路の大部分、20（西新－六本松－渡辺通一丁目－天神－東中洲－千代町－九大前）の起点（終点）も変更されていることがわかる。10月31日には電車廃止に先立って、代行バスの主管営業所として新たに藤崎自動車営業所が設置された。11月2日の運行初日に備えて44台が深夜に待機する同営業所の雰囲気はどのようなものであっただろうか。（筆者保存資料より掲載）

参考資料

「西日本鉄道百年史」, 西日本鉄道 , 100 年史編纂委員会 , 平成 20 年.
「にしてつ」, 西日本鉄道広報課 , No.487, 昭和 50 年 .
「特集 西日本鉄道」各記事 , 鉄道ピクトリアル , No.668, 鉄道図書刊行会 , 平成 11 年.
「特集 西日本鉄道」各記事 , 鉄道ピクトリアル , No.517, 鉄道図書刊行会 , 平成元年.
「西鉄福岡市内線廃止特集」各記事 , 鉄道ピクトリアル , No.359, 鉄道図書刊行会 , 昭和 54 年.
「西日本鉄道特集」各記事 , 鉄道ピクトリアル , No.292, 鉄道図書刊行会 , 昭和 49 年.
「私鉄車両めぐり 79　西日本鉄道 7」, 谷口良忠 , 鉄道ピクトリアル , No.231, 鉄道図書刊行会 , 昭和 44 年.
「私鉄車両めぐり 24　西日本鉄道」, 奈良崎博保・谷口良忠 , 鉄道ピクトリアル , No.56, 鉄道図書刊行会 , 昭和 31 年.
「九州電気軌道の木製ボギー電車 1, 2」, 奈良崎博保 , 鉄道ファン , No.73, 74, 交友社 , 昭和 42 年.
「西日本鉄道 」, 谷口良忠・荒川好夫・飯島巌 , 私鉄の車両 9, 保育社 , 昭和 60 年.
「西鉄」, 山本魚睡・松島克広 , 日本の私鉄 16, カラーブックス , 保育社 , 昭和 57 年.
「日本鉄道旅行地図帳」, 今尾恵介監修 , 12 号 九州沖縄 , 新潮社 , 平成 21 年.
「まるごと西鉄ぶらり沿線の旅　西日本鉄道」, 徳田耕一 , 河出書房新社 , 平成 18 年.
「福岡・北九州　市内電車が走った街　今昔　西鉄の路面電車・定点対比」, 奈良崎博保 , JTB キャンブックス , 鉄道 36, JTB, 平成 14 年.
「チンチン電車の思い出」, 西日本鉄道株式会社監修 , 歴史図書社 , 昭和 55 年.
「西鉄宮地岳線」, 鉄路 25 号 , 九州大学鉄道研究同好会 , 平成 17 年.
「博多チンチン電車物語」, 平山公男 , 葦書房 , 平成 11 年.
「ご苦労さん消えゆく電停」, 大西春雄 , 夕刊フクニチ連載 , 1 － 44 回 , 昭和 50 年.
その他 , 筆者保存資料 .

著者紹介

大田治彦（おおた はるひこ）

昭和 27 年生れ。幼少の頃より六本松ー練塀町間の急坂を登る城南線の電車を見て育った。その後一時期は京都に移り住んで、高度成長期の中で新旧車輌が共存していた頃の京阪電鉄や奈良電鉄などの私鉄に興味を持つようになる。昭和 40 年代の中頃はまだ高校生であったが、全国的な蒸気機関車ブームの中、雪の中の雄姿を求めて北海道などに遠征して写真撮影を開始した。以降の約 10 年間は鉄道写真の撮影に没頭し、様々な撮影方法の検証や、とくに蒸気機関車に対しては白黒フィルムの現像処理方法を試行しては写真そのものの面白さに魅了される。昭和末期からは鉄道模型の N ゲージを始め、はからずも車輌のコレクションに興味が移り、撮影頻度が久しく激減していたが、最近では健康状態回復のために、いまだに愛着のある当時の古い機材を使って鉄道写真の撮影を再開しつつある。今後、時間を少しずつ見出しながら蒸気機関車、ローカル私鉄、島原鉄道、鹿児島のローカル線（南薩線、山野線）、路面電車、ボンネットバスなどの各題材について写真集の形で、これまでの撮影内容の総括と思い出の記録を行いたいと考えている。福岡市東区に在住。

西鉄電車おもいでアルバム
昭和晩年の福岡市内線・大牟田線 急行電車・宮地岳線

ISBN978-4-434-14490-5
発 行 日　2010 年 7 月 20 日　初版第 1 刷
企画・協力　西日本鉄道株式会社
著　　者　大田 治彦
発 行 者　東　保司
発 行 所　有限会社　櫂歌書房《とうかしょぼう》
〒 811-1365　福岡市南区皿山 4 丁目 14－2
TEL (092)511-8111 / FAX (092)511-6641
E-mail: e@touka.com　HP: http://www.touka.com
印刷：大同印刷株式会社　製本：篠原製本株式会社

発 売　株式会社　星雲社　〒 112-0012　東京都文京区大塚 3-21-10